Beatrix Hammerle

MOND UND GARTEN

Pinguin-Verlag, Innsbruck

Vollmond der Titelseite (Ausschnitt) © Buenos Dias – TCL,
alle restlichen Bilder von Hella Pawlowski

Satz, Druck- und Bindearbeiten: M. Theiss, A-9400 Wolfsberg
Farbreproduktionen: Tiroler Repro, A-6020 Innsbruck
Printed in Austria
ISBN 3-7016-2473-9

Inhalt

DER MOND UND DIE PFLANZEN

Jede Pflanze, auch jede noch so unscheinbare Wohnzimmerblume ist ein kleines Speicherkraftwerk, das seine Energien aus dem Zusammenwirken mit dem Mond erhält. Kein Kräutlein, auch wenn es im finstersten Kellerloch wächst, tut es unberührt von den kosmischen Kräften des Mondes.

Auf einen Blick
So wirken die Mondkräfte

- Sie sind wesentlich an der Keimung des Samens beteiligt;
- lenken den Säftefluß in der Pflanze in periodischen Abständen nach oben oder unten;
- bewirken, daß die Pflanzen mehr oder weniger Flüssigkeit abgeben;
- sie bestimmen und regulieren die Nährstoffaufnahme, die Entwicklungs- und Ruhezeiten der Pflanzen;
- bevorzugen in periodischen Abständen das Wachstum bestimmter Pflanzenteile wie Blatt und Stengel, die Blüte oder den Wurzelbereich;
- sie bestimmen auch, wann die Pflanzen am liebsten vom Menschen behandelt oder besser in Ruhe gelassen werden.

Mit den Kräften der Natur zusammenarbeiten

Ein Garten, in dem die Kräfte des Mondes bewußt genutzt werden, ist ein besonderer Garten. Denn hier darf die Natur sein, wie sie ist und nach Herzenslust wachsen. Sie muß sich keine gärtnerischen Fehlgriffe, ja Verletzungen gefallen lassen und sich mühsam an widrige Umstände anpassen. Ob Gartenplatte oder Gurke, Komposthaufen oder edle Rose, aber auch ob ein Garten vor dem eigenen Häuschen, oder die Wohnzimmerblume im Topf, die schönen Terrassenblumen, das alles ist Garten und hat seine Zeit unter dem Mond. **Die Kräfte des Mondes bestimmen alles, was wächst.** Wenn Sie für ihre Arbeit mit Pflanzen die richtigen Zeitpunkte nützen und mit der Natur zusammenarbeiten, werden Sie im Gegenzug reich belohnt:

- Sie erhalten **Obst und Gemüse, das besser schmeckt, länger hält und schöner aussieht.**

- Ihre **Blumen blühen stärker, länger und in kräftigeren Farben.**

- Sie haben **weniger Arbeit im Garten,** weil Ihnen der richtige Zeitpunkt viel Mühe erspart.

- **Ihr Garten wird für Sie zu einem Ort der Kraft,** in dem Sie tagtäglich Ihre Batterien für ein glückliches, dynamisches Leben aufladen.

ALLES VOM MONDKALENDER

Es gibt wohl keine Kultur auf der Erde, in der der Mond keine Rolle gespielt hätte. Der Mond ist das größte und hellste Licht am nächtlichen Himmel. Und es ist das einzige, das so für alle sichtbar in regelmäßigen Abständen sein Aussehen ändert. Diese Abstände lassen sich ausrechnen und vor allem beobachten.

Mond bedeutet messen

Das deutsche Wort Mond geht zurück auf lateinisch mens. Mens bedeutet messen. Dieselbe Wurzel steckt auch in Monat.

Früher
war unser Kalender ein Mondkalender. Und in vielen Ländern der Erde ist es auch heute noch so. Besonders für religiöse Handlungen ging man gerne nach dem Mond. Das christliche Osterfest ist mondabhängig, im Hinduismus sind sämtliche religiösen Zeremonien auf den Mondstand ausgerichtet.

Heute
ist der Mondkalender unser ganz normaler bürgerlicher Kalender, in den auch wichtige Daten vom Mond eingetragen sind.

Diese Mondkräfte beeinflussen das Wachstum Ihrer Pflanzen

- Die Mondphasen

- Die Sternzeichen

- Die Höhe des Mondes in den einzelnen Sternzeichen (über sich oder unter sich, bzw. aufsteigend oder absteigend)

- Die Entfernung des Mondes von der Erde (PG, AG).

- Die Schnittpunkte der Mondumlaufbahn mit der Sonnenbahn: Aufsteigender oder absteigender Mondknoten.

Der Mond reflektiert Sonnen- und Tierkreiskräfte. Wichtig ist aber auch seine Entfernung von der Erde.

Das ist mir zu kompliziert ...

Es stimmt, einfach ist die Mondbahn wirklich nicht. Aber es hängt ganz von Ihnen ab, wie viele Daten am Mondkalender Sie beobachten und anwenden wollen.

So geht's einfach ...

Nehmen Sie **die Kraft des Mondes, die Sie am meisten anspricht,** zu der Sie am meisten Zugang haben **und beginnen Sie mit dem Beobachten.** Schritt für Schritt eignen Sie sich an, was Sie für sich mit hereinnehmen möchten. Es ist weder nötig, alle Kräfte, die im Garten eine Rolle spielen herzunehmen, noch alles auf einmal zu wissen. Es gibt auch Regeln, die sich widersprechen. Auch das ist kein Unglück. Nehmen Sie einfach was Ihnen sinnvoll erscheint, probieren Sie, und noch lange bevor Sie es bemerken, sind Sie ein echter Profi in Sachen Mond geworden.

Denn:
Es geht darum, daß Sie selbst Ihre Erfahrungen sammeln und sich in Ihrem täglichen Leben bereichert fühlen.

Mit den Kräften der MONDPHASEN geht es wirklich leicht ...

Lassen Sie sich nicht abschrecken. **Fangen Sie mit den Mondphasen an** – sie sind wirklich einfach zu begreifen. Denn haben Sie die Bedeutung einiger Mondkräfte erfaßt und etwas geübt, ist es ziemlich einfach, sein ganz persönliches Verhältnis auch zu den anderen Kräften des Mondes aufzubauen. **Wissen entfaltet sich immer Schritt für Schritt.**

Und das ist ganz wichtig

Lassen Sie sich kein X für ein U vormachen. **Allzu sorglos und missionarisch verbreiten die Autoren der einzelnen Mondkalender ihre Wahrheit.** Oft sind es ganz persönliche Entscheidungen – um nicht zu sagen Phantasien, die als unumstößliche Naturgesetze hingestellt werden. Im harmlosen Fall sind diese sogenannten Regeln zu umständlich oder lebensfern, um im täglichen Leben Platz zu finden. Beobachten Sie, prüfen Sie und entscheiden Sie selbst. Lernen Sie für sich einfache Mechanismen kennen und finden Sie dann selbst heraus, ob diese Regeln auch für Sie zutreffen.

Im Garten spielt der Mond eine sehr große Rolle, besonders in unseren Gegenden. Aber auch die anderen Faktoren wie Klima, Boden, Lage des Gartens und der Gärtner selbst haben einen mächtigen Einfluß.

Zaubermittel Liebe, damit die Mondkräfte sich entfalten können

Gewissenhaftes Einhalten bestimmter Mondregeln ist immer noch zu wenig, um den größten Nutzen aus diesen Kräften zu ziehen. Das Zaubermittel heißt wie überall im Leben Liebe, im Klartext: **Fingerspitzengefühl und Offenheit den Bedürfnissen der Pflanzen gegenüber.** Nur so können die Kräfte des Mondes auch wirklich nutzbar gemacht werden. Denn sonst sind diese Mondregeln nur Ersatz für religiöse oder weltanschauliche Gebote. Das ist nicht Sinn der Sache und es bringt Sie diesen Kräften keinen Millimeter näher, und die Pflanzen werden doch nicht so wachsen als ob Sie einen „grünen Daumen" hätten.

Schritt für Schritt auf Du mit den Kräften des Mondes

Die Mondphasen

Sie sind am leichtesten zu verstehen, am einfachsten zu beobachten und wirken sich – entgegen vielen Meinungen am stärksten auf die Erde aus, mit Sicherheit aber wesentlich intensiver und allgemein gültiger als die Sternzeichen. Das gilt nicht nur für den Garten.

Die Mondphasen sind Schattenerscheinungen, die sich aus der Umlaufbahn des Mondes um die Erde ergeben. Sie zeigen an, in welcher Position der Mond zur Sonne steht.

- **Neumond:** Der Mond ist der Sonne nahe. Daher ist er auf der Erde unsichtbar.

- **Zunehmender Mond:** Der Mond bewegt sich täglich ein Stück von der Sonne weg. Etwa **sieben Tage nach Neumond** bildet er **ein Quadrat zur Sonne,** das ist ein Winkel von 90°. Das **erste Viertel ist voll, es ist Halbmond** und es beginnt das Viertel vor dem Vollmond.

- **Vollmond:** Jetzt steht der Mond **in Opposition zur Sonne** – er steht ihr also gegenüber und reflektiert ihr Licht auf der Erde am stärksten.

- **Abnehmender Mond:** Der Mond **bewegt sich wieder täglich ein Stück auf die Sonne zu,** bis er wieder etwa sieben Tage nach Vollmond ein Quadrat zur Sonne bildet. Jetzt beginnt das letzte Viertel vor Neumond usw.

**Beobachten Sie selbst,
so zeigen sich Ihnen die Mondphasen am nächtlichen Himmel**

- **Zunehmender Mond:** Wenn die Mondsichel nach den dunklen Neumondnächten das erste Mal wieder auftaucht, tut sie es **im Westen, dort wo die Sonne untergegangen** ist. **Sonne und Mond stehen nahe zusammen – in Konjunktion.**

- **Zunehmender Halbmond:** Jetzt erscheint **der Mond über dem Horizont zwischen Westen und Osten, während die Sonne im Westen unterging.** Sonne und Mond bilden ein Quadrat.

- **Vollmond: die Sonne ist im Westen untergegangen. Strahlend geht gegenüber der Mond im Osten auf.** Ein schönes Spektakel. Sonne und Mond stehen in Opposition zueinander.

- **Abnehmender Mond: Jeden Abend wandert der Mond jetzt ein Stück weiter gegen Westen.** Etwa sieben Tage nach Vollmond bildet er wieder das Quadrat zur Sonne. Im letzten Viertel verschwindet er schließlich ganz und erscheint dann nach ca. einer Woche als sehr junges Mondlicht wieder auf dem westlichen Nachthimmel.

Die Zeit von Neumond zu Neumond – ein Mondzyklus

Der Mond umkreist die Erde in einer Ellipse. Eine Umkreisung dauert 27 Tage, 7 Stunden und 11,5 Sekunden. Die Geschwindigkeit beträgt 1023 km/Sek. Das ist wesentlich schneller als die gemächliche Erde Aber das ist nicht alles: während seines rasanten Fluges um die Erde dreht sich der Mond noch einmal um seine Achse und holt auch jenes Stück nach, um das die Erde in ihrer Umlaufbahn um die Sonne weiterdreht. Daher macht die Zeit von Neumond zu Neumond 29 Tage, 12 Stunden, 44 Minuten, 2,8 Sekunden.

Die Kraft des Mondlichtes
Was Sie schon immer darüber wissen wollten

Was hat es mit dem Mondlicht eigentlich auf sich? Ist es nichts weiter als reflektiertes Sonnenlicht und noch dazu nicht einmal besonders stark? Im besten Fall wie die Kraft einer Kerze aus einem Meter Entfernung? Ganz so einfach ist es nicht.

Wissenschaftliche Untersuchungen haben ergeben, daß gerade das Mondlicht das Pflanzenwachstum sehr nachhaltig beeinflußt.

- Es **dringt einige Zentimeter in den Boden ein** und **erleichtert** auf diese Weise **die Keimung.**

- Seine Strahlen umfassen eine weite Palette des Lichtspektrums. Sie wirken **auch bei bedecktem Himmel und sogar Nebel** hält sie nicht auf.

- Das Mondlicht ist **nicht nur eine einfache Reflexion von Sonnenlicht,** sondern trifft auf dem Lichtspektrum eine bestimmte Auswahl, die ganz bestimmte Prozesse im Pflanzenwachstum anregt. Auch die Jahreszeiten spielen mit. **Das Mondlicht ist im Winter weniger intensiv wirksam als im Frühling und Sommer.**

- Im Gegensatz zum Sonnenlicht **ist das Mondlichtspektrum reich an roten, aber arm an blauen und violetten Strahlen.**

- Die Pflanzen nehmen das Mondlicht sehr leicht auf und **verwenden es als nächtlichen Katalysator. Es fördert sämtliche Mechanismen des Nahrungsaustausches, der Umwandlung und Ausscheidung im Pflanzenwachstum,** die während des Tages aufgrund der Sonneneinwirkung nicht stattfinden können.

- **Wenn es kein Mondlicht gäbe, könnten die Pflanzen ihren Stoffwechsel nicht haben.** Sie wären unterernährt, wüchsen langsamer und reiften in den Bergen nur sehr schwer. Kein Wunder also, daß in Tirol der Mond eine so große Rolle spielt.

- **Untersuchungen** in diesem Sinne haben gezeigt, daß die Pflanzen ohne Mondlicht weniger verholzende Ringe hatten, die Stengel der Blumen und Gemüse zerbrechlich waren und die Pflanzen teilweise austrockneten.

- Im Gegensatz dazu **regen Bäder im vollen Mondlicht die Bildung von Zucker und die Speicherung von Reservestoffen an.**

- Das Mondlicht **fördert das Zuwachsen und Heilen von Pflanzenwunden.**

- Es **erhöht die Wirkkraft sämtlicher antiparasitärer Pulver und Jauchen,** daher Vorsicht mit Düngungen bei vollem Mondlicht.

Das andere Gesicht des Mondlichtes

In Gegenden, in denen der Himmel oft bedeckt ist und die Pflanzen gewöhnt sind, das Mondlicht gefiltert zu erhalten, können mondhelle Nächte auf die Pflanzen auch fatal wirken. Die absolute Abwesenheit des Mondlichtes bringt den Pflanzenstoffwechsel zum Kollapieren.

Energielose Übergrößen von Gemüsen und Blumen

Zu viel Mondlicht provoziert aber Übergrößen, setzt die Pflanze der Überarbeitung aus, so daß sie in einen Erschöpfungszustand verfällt. Z. B. die Blattgemüse, die intensivem Mondlicht ausgesetzt sind, wachsen zu schnell auf Kosten ihres Geschmackes. Blattpflanzen schießen auf, Tomaten, Kürbisse, Gurken kann man beim Wachsen direkt zuschauen.

Warum kommt es zu unkontrolliertem Wachstum?

Auch die Pflanzensäfte reagieren wie die großen Gewässer. Intensives Mondlicht wirkt auf die Pflanzen wie eine Flut im Ozean. Es zieht die Säfte in die Pflanzenspitzen, so daß es zu einem außerordentlichen Wachstum kommen muß.

Tödliche Hohlräume im Gefäßsystem der Pflanzen

Zuviel Mondlicht bringt für die Zirkulationskanäle noch eine Gefahr. Durch den exzessiven Sog der Pflanzen zu den Spitzen entstehen im Gefäßsystem der Pflanzen auch Hohlräume, die für die Pflanzen tödlich sind. Wichtige Teile der Pflanzen bleiben unterversorgt und sterben ab.

Vom Mond verbrannt

Besonders gefährdet sind Pflanzen mit langen Stengeln. In ihnen sind die Gefäße nicht so zahlreich wie in kriechenden Gewächsen. Jede Änderung im Säftefluß hat schwerwiegende Folgen. Man spricht vom Mondbrand. Besonders junge Triebe von Bäumen sterben ab. Das Trauma Mondbrand beobachtet man häufig an Frühjahrsvollmonden.

Kriechende Gewächse freuen sich über intensives Mondlicht

Im Gegensatz zu den langstengeligen Pflanzen reagieren niedere Pflanzen mit einem verzweigten Gefäßsystem ganz anders auf intensives Mondlicht. Wegen ihrer elastischen Stengel und ihrer elastischen Gefäße, meist zweiseitig, gibt es in ihnen keine Brüche im Säftefluß. Im Gegenteil, sie reagieren mit größerer Entwicklung und herrlichen Farben auf intensives

Mondlicht. Beobachten Sie einmal daraufhin Ihre Buschbohnen und Staudengewächse.

Die Energie der Mondphasen im Garten

Zunehmender Mond ◐

Die Erde atmet aus. Sie leitet die Säfte und ihre ganze Kraft in den Pflanzenteil über der Erde. Die Pflanzen arbeiten auf Hochtouren. Sie geben jetzt mehr Flüssigkeit ab. Die Keimkraft wird von Tag zu Tag stärker. Die Pflanzen sind empfindlicher, Blumen blühen schöner, Gemüse und Kräuter schmecken besser.

Grundregeln

- **Aussäen und pflanzen, was über der Erde sich entfalten und tragen soll:** Blätter, Früchte, Beeren und ganz besonders Blumen; Gurken bei zunehmendem Mond auf den angesetzten Misthaufen pflanzen.

- **Ausreichend gießen,** aber mehr sprühen und einen festen Strahl vermeiden. Es besteht sonst die Gefahr, daß die Erde auslaugt, Pflanzen ihren Halt verlieren und faulen, und die Erde die zugeführten Nährstoffe im Gießwasser nur verzögert annimmt.

- Den **Boden lockern,** es geht jetzt leicht und hilft der Erde, auszuatmen.

- **Umtopfen:** Ja, weil sich jetzt rasch Feinwurzeln bilden.

- **Rasenmähen,** ideal, wenn der Rasen rasch wachsen, aber nicht notwendig dicht werden soll.

- **Ernten:** Gemüse, Kräuter, Beeren, Früchte bei zunehmendem Mond geerntet schmecken sehr gut, sind aber nicht haltbar.

- **Einkochen zu Marmeladen, Chutneys** usw.: Zunehmender Mond nahe Vollmond – es wird mehr, der Geschmack ist leicht und fein.

- **Kraut einhobeln für Sauerkraut,** es zieht gut durch, ist ergiebig und wird besonders saftig, gärt aber auch rasch.

- **Heil- und Küchenkräuter sammeln,** sie entfalten ihr volles Aroma.

- An schönen Tagen **Erde auflockern, Beete anlegen, Graben ausheben.** Gut, wenn der Boden hart ist – es geht leichter, weil es ohnedies die Bewegung der Erde ist, sich nach außen zu entfalten.

- **Gegen Schnecken und Ameisen** jetzt zerkleinerte Eierschalen, Kaffeesatz und kleine getrocknete Pfefferonischoten auf den Beeten verteilen.

- **Grabarbeiten für einen Wasserteich machen, ein Biotop mit Wasser füllen** und besiedeln, aber nicht seine Form fixieren, wie Mäuerchen errichten, die Erde festdrücken usw..

- **Wasserleitungen reparieren.**

Doch Vorsicht

- Der zunehmende, ganz besonders der fast volle Mond zieht den Samen aus der Erde, läßt Pflanzen ins Kraut schießen, besonders wenn der Garten intensivem Mondlicht ausgesetzt ist.

- Fisolen und Buschbohnen dürfen nicht im zunehmenden Mond gesetzt werden, sie gehen dann in die Höhe und setzen wenig Blüten an (Tirol).

- Erwischt der Landwirt bei den Kartoffeln den zunehmenden Mond, so kann er häufeln wie er will, sie kommen doch immer wieder an die Oberfläche (Tirol).

- Zum Düngen ist nicht der richtige Zeitpunkt, die Nährstoffe werden nicht richtig aufgenommen, Mist bleibt auf der Wiese oder auf dem Beet und verbindet sich nicht mit der Erde.

- Zu fest gegossene Pflanzen verdursten trotzdem. Die Erde atmet aus und kann das Wasser schwer annehmen.

- Kräuter, Pilze, Apfelspalten nicht abfüllen, sondern aufgebreitet an einem schattigen Ort liegen lassen, weil sie jetzt nicht richtig trocknen und leicht schimmeln.

- Keine Tomaten für Sugo einkochen, weil sie jetzt zuviel Saft und Säure enthalten.

- Jetzt geschnittene Bäume bluten zu sehr.

- Geschnittene Hecken wachsen rasch nach.

- Kein Unkraut ausreißen, es besteht die Gefahr, daß es regelrecht nachwuchert.

- Jetzt angelegte, reparierte, in die Erde geschlagene Pfosten, Latten, Zäune halten nicht. Ausnahme: Pfosten, die im Wasser halten sollen, bei sehr jungem Mondlicht anbringen. Laufplatten jetzt und besonders in Sand gelegt, verrutschen, Bekiesungen bleiben locker und waschen sich aus, ebenso Gartenbäche. Steinmäuerchen sind weniger stabil, Treppen halten nicht. **Vergessen Sie nie, daß die Erde jetzt von innen nach außen arbeitet.**

- Nichts unternehmen, was in der Erde halten soll, eine bestimmte Form behalten soll, besonders nicht, wenn der Boden eher sandig ist.

- Zäune jetzt nicht streichen, sie trocknen schwer.

Die Wirkung des zunehmenden Mondes ist verstärkt,
- wenn er durch die Wasserzeichen läuft. Das sind die Blattage wie Krebs, Skorpion und Fische;
- wenn er durch aufsteigende Zeichen geht: also durch Steinbock, Wassermann, Fische, Widder, Stier, Zwillinge;
- wenn die Vormittage für die Tätigkeit mit Pflanzen genutzt werden;
- wenn der Boden eher sandig ist.

In Kommunion mit den Pflanzen bei zunehmendem Mond

Der zunehmende Mond ist die richtige Zeit, dankbar anzunehmen, was der Garten schenkt und den Pflanzen die Freude darüber zu zeigen. Bewundern Sie ihre Schönheit und ihre Beständigkeit. Die Blumen blühen jetzt besonders schön, das Gemüse ist besonders knackig, die Würzkräuter entfalten ihr volles Aroma und die Beeren sind saftig.

Auch Pflanzen haben eine Seele

Sie reagieren auf Ihre Gedanken, Gefühle und Ihre Fürsorge. Zeigen Sie sie ihnen jetzt. Sie werden es Ihnen danken.

EINFACH ZUM NACHDENKEN

Unzählige Pflanzen wachsen und bringen Früchte hervor. Wir pflücken und nutzen sie auch industriell zu unserer Ernährung, Gesunderhaltung und Schönheit. Selbstverständlich und gedankenlos. Bäume, Sträucher, Blumen, ja sogar die unscheinbarste Zimmerpflanze dienen uns, gleichgültig ob wir sie beachten oder nicht, Tag für Tag. Denn Pflanzen versorgen uns mit lebenswichtigem Sauerstoff und reinigen die Luft von giftigen Schadstoffen. Durch diesen Kreislauf ermöglichen sie uns das Leben auf diesem Planeten. Wie oft denken wir daran? Wieviel Beachtung und Anerkennung brauchen doch im Gegensatz dazu wir Menschen, um fähig zu sein, das zu tun, was durch uns getan werden muß?

Vollmond ○

Grundregeln

Der Mond spiegelt bei Vollmond die Sonnenkraft am stärksten wider. Er hat jetzt die höchste Kraftentfaltung, den höchsten Magnetismus. Vollmond ist ein Schwellenereignis. Auch diese Energien können Sie für Ihre Pflanzen nutzen, aber vor diesen Energien müssen Sie sie auch schützen. Nach dem Höhepunkt zum Vollmond beginnt die Kraft wieder zu schwinden.

- **Die Pflanzen stehen in Saft, die Farben der Blüten sind kräftiger, die Geschmacksentfaltung erreicht ihren Höhepunkt,** die Pflanzen haben sich bis an ihre Grenzen verausgabt, bevor die Energie wieder nach innen kippt.

- Wenn man **den Pflanzen die intensivsten kosmischen Kräfte zuführen** will, dann **sät man um die Vollmondzeit, aber nicht zum Mondbruch.** So sagt auch eine weitverbreitete Mondregel: „Was bei Mondbruch (d. h. im Augenblick, in dem der Mond voll geworden ist) gesät ist, gerät nicht.“

- **Die ideale Zeit zum Säen ist daher drei Tage vor und sieben Tage nach Vollmond.** Wenn Sie nicht ganz sicher sind, zu welcher Tagesstunde Mondbruch ist, tun Sie am Vollmondtag nichts.

- In den Tagen um Vollmond können Sie **in die Pflanzen und Blumen die maximal steigenden Kräfte hineinbringen,** in den letzten drei Tagen vor Vollmond erhalten die Pflanzen einen Vorsprung an Vitalität, den sie bis zur Ernte, ja bis ins Saatgut hinein erhalten. **Saattage mit Vollmondwirkung** bringen die besten Ergebnisse. Nach dem Mondbruch flauen die Kräfte der Pflanze bereits ab. Der Sog zur Wurzel beginnt.

- Die Vollmondzeit kann man für Blattpflanzen, Früchte über und unter der Erde und Blütenpflanzen nutzen. Daher sagt man von **Kartoffeln,** daß man sie kurz nach Vollmond legen kann. **Zwiebeln** bei Vollmond zu pflanzen, hält man teils für richtig, um ihre Dicke zu fördern, teils für falsch, weil sie ins Kraut schießen.

- Optimal um die Vollmondzeit ist **das Aussäen von Kürbissen, auch Zucchini und Salaten aller Art,** die keine Köpfe machen sollen und als junge Pflänzchen frisch gegessen werden.

- **Düngen und Mist auslegen** am Vollmondtag oder unmittelbar danach lädt die Nährstoffe mit Energie auf und garantiert durch die hinunterziehende Kraft nach dem Mondbruch, daß die Nährstoffe in die Erde gezogen werden. Sehr gut auch, wenn **Sie jetzt Brennesseln oder Gras zum Mulchen auslegen.**

- Die Tage kurz vor Vollmond und der Vollmondtag selbst sind ideal für das **Ernten von Küchen- und Heilkräutern mit Ausnahme von Wurzeln,** weil die Kraft der Pflanze jetzt in Stengel, Blatt und Blüte konzentriert ist.

- Es ist sehr günstig, **Nährlösungen für Ihre Pflanzen jetzt anzusetzen** und dem Mondlicht auszusetzen.

- Schauen Sie, daß das **Gießwasser** – auch für Ihre Zimmer- oder Balkonblumen vom Mond beschienen wird. Besonders um Vollmond. Auch wenn der Mond wegen Schlechtwetter nicht sichtbar ist, die Kräfte wirken trotzdem und laden die Blumennahrung auf. Ihre Pflanzen danken es Ihnen mit besonderem Wachstum, schönen Blüten und saftigen Früchten.

- **Früchte, die jetzt eingekocht werden,** sind besonders ergiebig.

- **Gemüse,** erst die Tage **nach Vollmond geerntet,** bleibt haltbarer.

Doch Vorsicht

- Am Vollmondtag und in den Tagen rund um Vollmond **keine Bäume**

zurückschneiden. Es besteht die Gefahr, daß sie die Eingriffe nicht überleben, ausbluten oder eingehen.

- Zupfen Sie an Vollmondtagen auch nicht an ihren Pflanzen herum. Sie haben heute Ruhetag und daher jede Störung besonders ungern. Sie antworten darauf oft mit einem Kräfteverfall. **Topfpflanzen** auch am Vollmondtag nicht düngen.

- **Erdarbeiten rund um Pflanzen** erledigen Sie jetzt besser nicht, weil die Energien drehen und die Pflanze empfindlich gestört ist.

- Lassen Sie **Salat, Spinat, Krautköpfe,** die schon zu Beginn des zunehmenden Mondes schön voll sind, nicht bis Vollmond stehen, besonders nicht, wenn Ihr Gemüsebeet stark vom Mond beschienen wird. Die Gefahr, daß Ihre grünen Leckereien hoffnungslos aufschießen, ist groß.

- **Lagern** Sie oder füllen Sie am Vollmondtag und auch die ersten Tage nach Vollmond nichts ab, was trocknen soll, weil es sich nicht hält und leicht schimmelt.

- In einer **regnerischen Gegend** um Vollmond nicht zu viel gießen, weil jetzt gern Regen kommt, besonders wenn der Mond einen „Hof“ hat. Aber auch auf Balkon und Terrasse brauchen die Pflanzen weniger Wasser.

Die Wirkung des Vollmondes ist verstärkt

- wenn an diesem Tag der Mond in Erdnähe (PG) oder Erdferne (AG) ist;
- wenn der Mond um Vollmond durch aufsteigende Zeichen läuft: also durch Steinbock, Wassermann, Fische, Widder, Stier, Zwillinge;
- von März bis Oktober;
- wenn der Mond durch ein Wasserzeichen läuft: Krebs, Skorpion, Fische.

Abnehmender Mond ◐

Die Erde atmet ein. Die Säfte steigen wieder ab und ziehen zur Wurzel. Dort ist jetzt die höchste Kraftentfaltung. Ihre Pflanzen lechzen nach Flüssigkeit, Nährstoffen und Mineralien, denn bei zunehmendem Mond haben sie entschlackt, mehr Flüssigkeit abgegeben und sich verausgabt. Dankbar reagieren Sie auf Ihre liebevolle Pflege. Jetzt ist eine gute Zeit an den Pflanzen zu arbeiten und ihnen zu helfen, sich zu kräftigen.

Grundregeln

- **Säen und pflanzen, was unter der Erde tragen soll,** besonders Knollen und Hackfrüchte: Kartoffeln, Rüben, Rettiche, Sellerie, Karotten, Knoblauch, Zwiebeln.

- **Knollen und Hackfrüchte** erreichen jetzt ihre höchste Geschmacksentfaltung und sollen daher **jetzt geerntet** werden, besonders zu Heilzwecken.

- **Wintersaat säen,** drittes Quartal, weil das Gemüse von der Wurzel her widerstandsfähiger wird.

- **Kopfsalat pflanzen,** um schöne Köpfe zu erhalten.

- **Bohnen und Erbsen** säen, weil sie sonst blühen, ohne Früchte anzusetzen.

- **Hecken** schneiden.

- **Gartenrasen mähen.** Er wird dichter und wächst weniger rasch nach.

- **Düngen** und Pflanzen Nährlösungen verabreichen.

- **Bäume schneiden,** Weinreben zurückschneiden.

- **Unkraut** bekämpfen, jäten.

- **Kräuter** in Gläser oder Gewürzsäckchen füllen.

- **Obst und Gemüse ernten,** das lange halten soll.

- **Obst und Gemüse einlagern,** es bleibt länger frisch.

- **Konservieren, einmachen, Marmeladen einkochen.**

- **Zaunpfähle** einsetzen, sie wachsen fest.

- **Platten oder Wege** verlegen, Mäuerchen errichten, dem Garten Form geben, denn alles, was halten soll, tut es jetzt.

- **Wassergräben** anlegen, sie waschen sich nicht aus.

- **Maler- und Lackierarbeiten** machen, es trocknet leichter.

- Gute Tage, um Gartengeräte, Blumentöpfe und die Scheiben des Gewächshauses zu **reinigen.**

Doch Vorsicht

- Abnehmender Mond ist die **Zeit verminderter Keimkraft,** sie wirkt wachstumshemmend über der Erde, daher nichts pflanzen oder säen, was rasch wachsen soll.

- Bei abnehmendem Mond gesäte **Blumen** geraten weniger leicht und blühen weniger üppig.

- **Blattgemüse und Früchte** sind weniger schmackhaft.

- **Heil- und Küchenkräuter** enthalten weniger Kraft.

Die Wirkung des abnehmenden Mondes ist verstärkt

- je näher es an Neumond geht;
- bei unter sich gehendem Mond;
- an den Mondknotentagen;
- wenn Sie am Nachmittag arbeiten.

In Kommunion mit den Pflanzen bei abnehmendem Mond

Ungefähr ab dem dritten Tag nach Vollmond richten Sie Ihre Aufmerksamkeit bei abnehmendem Mond ganz auf die Pflege Ihrer grünen oder bunten Lieblinge. Sie brauchen jetzt Nährstoffe und liebevolle Aufmerksamkeit. Gießen Sie sie mit Sorgfalt und achten Sie auf geeignete Nährlösungen. Sie tun es nicht umsonst. Ihre Pflanzen werden es Ihnen zur richtigen Zeit mit besonderer Farbenpracht und intensivem Wohlgeschmack danken und Ihnen helfen, Ihre vielen Milliarden Körperzellen mit wertvollen Biostoffen zu versorgen. Die Natur ist keine Einbahnstraße. Wir bekommen die Liebe, die wir geben, um ein Vielfaches zurück. Auch das lehren uns die Mondphasen.

Neumond, leerer Mond, toter Mond ●

ist bei Pflanzen die Zeit der geringsten oberen und höchsten unteren Kraftentfaltung. Die Säfte sind jetzt in den untersten Teilen, in den Wurzeln, in

Aktion. Die Tage rund um Neumond sind Tage mit geringster Keimkraft, darum heißt es im Volksmund: Was jetzt in die Erde getan wird, gerät nicht.

Grundregeln

- **Kranke Blumen, Bäume und Pflanzen** jetzt beschneiden. Dadurch erhalten sie einen Regenerationsschub.

- Bei Neumond **veredelte Bäume** tragen bald und reichlich.

- Kränklichen und geschwächten Zimmer- und Zierpflanzen hilft es, wenn Sie jetzt ihre **Spitzen kappen.** Dadurch haben sie eine gute Chance, sich zu erholen.

- Um Neumond, aber noch vor dem Mondbruch, ist die ideale Zeit, **Unkraut auszureißen,** da es nicht mehr so leicht nachwächst.

- Besonders günstig sind die Tage vor dem Neumond und der Neumondtag vor dem Mondbruch auch, wenn Sie **Ungeziefer** loswerden wollen; ideal, um Regale und Lagerräume herauszuwaschen.

Aber Vorsicht

- Vergessen Sie nicht, **die Tage um Neumond sind auch für die Pflanzen Tage des Rückzuges zu ihren Wurzeln.** Es sind nicht Tage des Keimens und äußeren Wachstumes. Es ist wichtig, daß Sie diesem Naturgesetz nicht entgegenarbeiten.

- An den letzten drei Tagen vor Neumond **nichts säen oder pflanzen,** denn Aussaaten und Pflanzungen führen jetzt gerne zu Mißerfolgen.

- An diesen Tagen auch **nichts hacken,** denn es besteht die Gefahr, den jetzt sehr empfindlichen Wurzelteil zu verletzen.

- Jetzt geerntete **Früchte, Blätter und Kräuter** haben weniger Kraft. Dies ist besonders für Heilzwecke wichtig.

Die Wirkung des Neumondes, besonders im wachstumshemmenden Sinn, ist verstärkt

- wenn Mondknoten und Neumondtag nur einen Tag auseinanderliegen;
- wenn der Mond durch absteigende Zeichen läuft, ganz besonders durch Skorpion – diese drei Tage nichts pflanzen;

- wenn Neumond und PG (erdnächster Punkt des Mondes) knapp zusammenliegen.

PG und AG erdnächster Punkt und erdfernster Punkt des Mondes

Die Bewegung des Mondes ist sehr vielschichtig. Seine Umlaufbahn um die Erde ist eine Ellipse, in deren Brennpunkt die Erde angenommen werden kann:

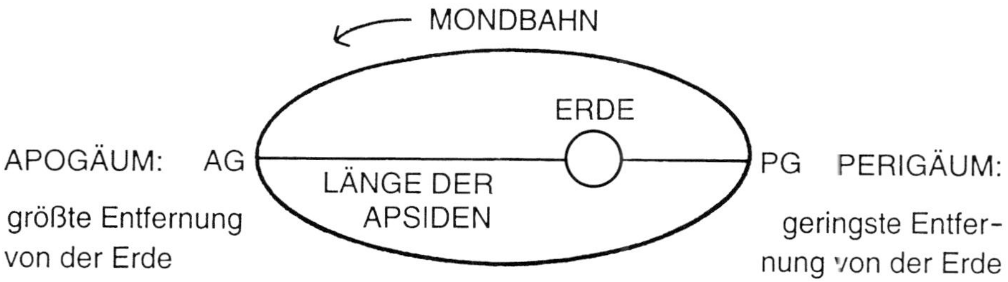

PG – Perigäum
ist der erdnächste Punkt in der elliptischen Umlaufbahn und 356.410 km von der Erde entfernt.

AG – Apogäum
ist der erdfernste Punkt in der elliptischen Umlaufbahn und 406.740 km von der Erde entfernt.

Die Zeit eines Umlaufes beträgt: 27 Tage, 13 Stunden, 18 Minuten, 33,1 Sekunden.

Grundregel

- PG und AG gelten für die Gartenarbeit als nicht geeignet. Besonders an PG gesäte und gepflanzte Gemüse und Blumen sind anfällig für Gartenschädlinge. PG und AG sind in allen handelsüblichen Mondkalendern eingetragen.

Mond und Tierkreiszeichen

Was ist der Tierkreis?

Der Tierkreis ist die stark vereinfachte Form des Himmelsgeschehens, um die Sterne und ihr Zusammenspiel mit Sonne, Mond und Planeten für uns Menschen auf der Erde verständlich zu machen.

Wie im Zentrum eines Luftballons …

Von der Erde aus wird das gesamte kosmische Geschehen, die Sterne, Sonne, Mond und Planeten, auf eine gedachte Himmelskugel projiziert, so, als ob wir im Zentrum eines Luftballons säßen.

Was sind Tierkreiszeichen?

Auf der Himmelskugel befestigt, denkt man sich 12 Tierkreiszeichen, die Felder von je 30° einnehmen. Davor drehen Sonne, Mond und Planeten jahraus jahrein ihre Runden.

Astronomisch gesehen …

Das ist astronomisch gesehen natürlich eine grobe Vereinfachung,

- denn wie wir alle sehen können, gibt es viel mehr Sterne auf dem Himmel als die, die ein Tierkreisbild bilden.
- Das Modell mit den Tierkreiszeichen scheint unbeweglich, aber auch die sogenannten Fixsterne wandern im Laufe der Jahrhunderte still und leise weiter.
- Die wirklichen Tierkreisbilder nehmen am Himmel ganz unterschiedlich viel Platz ein und sicher nicht genau 30°.
- Die Astronomie ist sich nicht einig, welche Sterne tatsächlich zu einem Tierkreisbild gehören.
- Es gibt viel mehr Sterne am Himmel, die Einflüsse auf den Menschen haben könnten.

Aber darauf kommt es gar nicht an,

denn ein Tierkreiszeichen ist ein Energiefeld, dessen Größe von den Astrologen mit 30° festgelegt wurde. Diese Felder werden aktiv, wenn die verschiedenen Planeten an den Sternzeichen vor ihnen vorbeilaufen. Die

Energiequalität, die dann auf der Erde gespürt wird, beruht auf intuitiven Einsichten einiger hellsichtiger Menschen. Diese Einsichten haben sich im Laufe der Geschichte zu astrologischem Wissen gefestigt, das heute immer noch von vielen geglaubt wird.

Darum ist es besser

sich entweder klar zur Astrologie zu bekennen und an sie zu glauben, oder für den Garten eben andere Daten vom Mond heranzuziehen, die auch wissenschaftlich gesichert sind, wie eben die Mondphasen. Sonst ist ein Streit um den richtigen Mondkalender vorprogrammiert (siehe Seite 48).

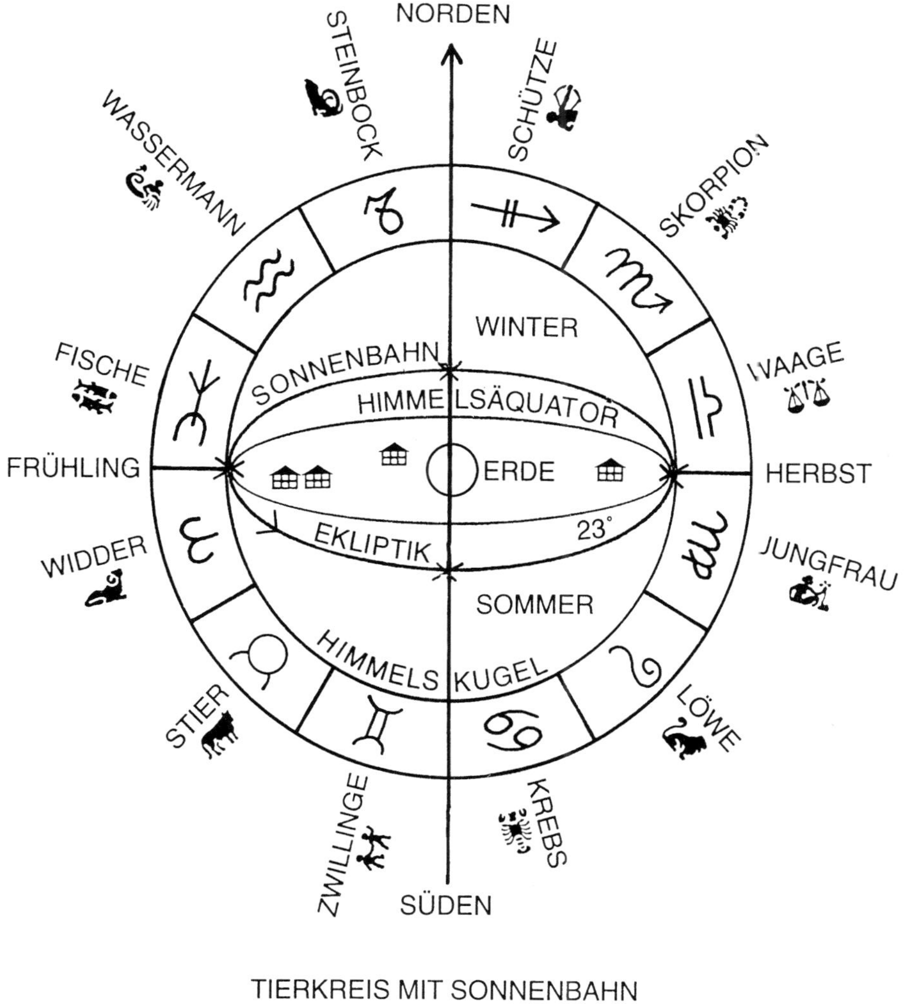

TIERKREIS MIT SONNENBAHN

Die Sonnen- und Mondbahn durch die Tierkreiszeichen

Nehmen wir wieder das Bild von der Himmelskugel. Stellen wir uns vor, innen in ihrem Zentrum zu sitzen. **Wir schauen auf den Himmel und beobachten die scheinbare Sonnenbahn: jene Bahn, die die Sonne auf ihrem Jahresumlauf am Himmel unter den Sternzeichen zurücklegt.**
Die Sonnenbahn ist ca. 23° zum Himmelsäquator geneigt und bildet die Mittellinie des Tierkreises.
Die **zwölf Tierkreisbilder** sind an der Himmelskugel befestigt. **Die Sonne** durchläuft in ihrem Jahresumlauf alle zwölf. Dort, wo sie den Himmelsäquator schneidet, sind **der Frühlings- und Herbstpunkt.** Ihnen gegenüber liegen Sommer und Winter.
Der Mond ist im Gegensatz zur Sonne viel schneller. Er tut in einem Monat das, wozu die Sonne ein Jahr braucht. **Er bleibt im Schnitt zwei bis drei Tage in einem Sternzeichen, während die Sonne sich einen ganzen Monat darin aufhält (siehe Skizze Seite 25).**

Die Einteilung des Tierkreises und die Qualität der Sternzeichen

Die Zweiteilung

Von ihr erhält man **männliche oder weibliche Zeichen.** Einem männlichen Zeichen folgt immer ein weibliches usw.

- Die Qualität der **männlichen Zeichen** ist **aktiv, tätig, trocken,** sie sind dem **Tag** zugeordnet. Es sind **Widder, Zwilling, Löwe, Waage, Schütze, Wassermann.**

- Die Qualität der **weiblichen Zeichen** ist **passiv, zurückhaltend, feucht,** sie sind der **Nacht** zugeordnet. Es sind **Stier, Krebs, Jungfrau, Skorpion, Steinbock, Fische.**

Für die Arbeit mit Pflanzen gibt die Zweiteilung ein vertieftes Verständnis für die Energie, die in den einzelnen Zeichen wirkt.

- **Feuer- und Luftzeichen sind männliche Zeichen.** Wenn sie wirken, entsteht das Wachstum durch trockene Kräfte, die nach außen gerichtet sind.

- **Erde- und Wasserzeichen sind weibliche Zeichen.** Wenn sie wirken, entsteht Wachstum durch feuchte Kräfte, die nach innen ziehen und sich entweder unter der Erde entfalten oder ihre Kräfte bringen die Säfte der Pflanzen zum Fließen (s. a.Vierteilung).

Die Dreiteilung

Von ihr erhält man **Kardinalzeichen, feste Zeichen und fallende Zeichen**

- **Kardinalzeichen** sind Hauptzeichen. Zu ihnen gehören **Widder, Krebs, Waage, Steinbock.** In ihnen steht die Sonne und auch der Mond an Wendepunkten, eine neue Phase beginnt. Ihre Energie gilt als **in Gang setzend, in Schwung bringend und belebend. Wenn der Mond durch diese Zeichen läuft, wirkt der Impuls, für den sie stehen, sehr bestimmend.** Sie sind in der Regel die idealen Zeichen, um die Dinge zu tun, die zu einem bestimmten Zeitpunkt getan werden sollen. **Im Zweifel wählt man im Garten immer das Kardinalzeichen.**

- **Feste Zeichen** folgen Kardinalzeichen. Zu ihnen gehören die Zeichen **Stier, Löwe, Skorpion und Wassermann.** Sie setzen eine begonnene Tendenz fort, gelten als **starr, fest, unveränderlich, beharrlich und bewahrend.** Wenn der Mond durch feste Zeichen läuft, wirkt die **Energie nachhaltig, festhaltend, beharrend.** Sie eignen sich gut, wenn ein Impuls nachdrücklich gesetzt werden soll. Sie sind nicht geeignet, wenn sich auch eine andere Qualität ausdrücken soll. **Der negative Aspekt (faulen, verholzen, wachstumshemmend) im Garten zeigt sich verstärkt in festen Zeichen.** Andererseits gelten sie **gerade in rauhen Gegenden als gute Zeichen,** weil es dort vom Klima her nötig ist, kräftige, nachdrückliche Impulse zu setzen.

- **Veränderliche oder fallende Zeichen** mischen sich mit den Qualitäten des darauffolgenden Kardinalzeichens. Zu ihnen gehören **Zwillinge, Jungfrau, Schütze, Fische.** Sie gelten als **wandelbar, unbeständig und schwach** in ihrer Position. Wenn der Mond durch sie läuft, drückt sich die Energie, für die sie stehen, nur abgeschwächt aus. Sie sind nicht geeignet, wenn man einen klaren Impuls setzen will, **wenn es jedoch nicht möglich ist, ein Kardinalzeichen zu wählen, wählt man im Garten gern fallende Zeichen, weil sie eher als neutral gelten. Sie haben nicht so stark die Möglichkeit zur negativen Wirkung wie die festen Zeichen.**

Erfahrene Mondgärtner

Doch erst die/der fortgeschrittene MondgärtnerIn spielt mit den sehr feinen Aspekten dieser Einteilungen, um die Wirkkraft nach den Elementen abzuschwächen oder zu verstärken. **Zwei Beispiele:** Jungfrau ist für das Legen von **Kartoffeln** ideal, weil es noch ein Erdzeichen ist, aber schon Qualitäten der ausgleichenden, luftigen Waage annimmt und daher bewirkt, daß die Knollen weniger leicht faulen. Oder **Winterrüben** sollen im Steinbock gesät werden, damit sie lange halten, aber nicht verholzen, deshalb nicht Stier wählen. Als bessere Alternative gilt die Jungfrau.

Die Vierteilung

ist unter astrologischen Gesichtspunkten für das Pflanzenwachstum grundlegend und bestimmend. Sie macht den Kern der mondastrologischen Gartenarbeit. Sie entspricht den **vier Elementen, den vier Grundkräften der Natur: Feuer, Luft, Wasser, Erde.**

- **Jedem Element (Feuer, Luft, Wasser, Erde) ist ein Kardinalzeichen, ein festes und ein veränderliches Tierkreiszeichen zugeordnet. Im Tierkreis bilden sie ein sogenanntes Kräftetrigon (Kräftedreieck).**

- Während der Mond durch die verschiedenen Sternzeichen läuft, erhalten auch unterschiedliche Pflanzenteile unterschiedlich viel Energie, je nach dem, ob feurige, luftige, wäßrige oder erdige Energien am Werk sind.

- **Die Grundregel: Wurzelwachstum** braucht Erdkräfte, **Stengel und Blätter** wäßrige Energien, **Blüten** wollen Luft und Licht, **Samen und Früchte** benötigen feurige Energien.

Feuerzeichen – Fruchttage

Widder (Kardinal), Löwe (fest), Schütze (fallend)

Wenn der Mond durch Feuerzeichen läuft, spricht man von Fruchttagen.

- Feuerzeichen begünstigen die Frucht- und Samenentwicklung.

- Die Qualität dieser Tage ist für die Pflanzen aktiv, durchdringend, expansiv, heiß.

- An diesen Tagen **alles pflanzen, pflegen und meist auch ernten,** was Früchte oder Samen erzeugt. Bohnen, Erbsen, Gurken, alle Kürbisarten, Linsen, Mais und alle anderen Getreidearten, Paprika, Reis, Soja, Tomaten, Zucchini; alle Beeren: Erdbeeren, Himbeeren, Stachelbeeren, Johannisbeeren und Obst- und Nußbäume.

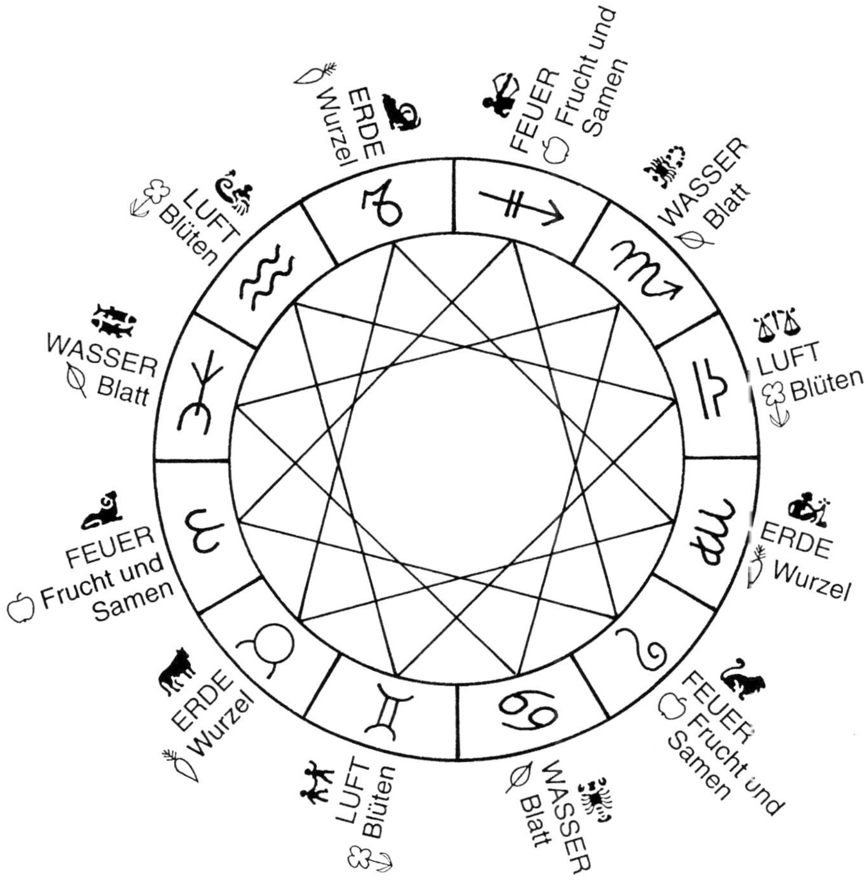

Wasserzeichen – Blattage

Krebs (Kardinal), Skorpion (fest), Fische (fallend)

Wenn der Mond durch Wasserzeichen läuft, spricht man von Blattagen.

- Wasserzeichen begünstigen das Wachstum im Blatt- und Stengelbereich.
- Die Qualität dieser Tage ist für die Pflanzen passiv, magnetisch, zusammenziehend, kalt, naß.
- Wasserzeichen stehen für die Seele der Pflanzen.

- An diesen **Tagen alles pflanzen, pflegen und meist ernten, wovon die Blätter gegessen werden,** wie Chicorée, alle Kohlarten, auch Blumenkohl und Kohlrabi, alle Küchenkräuter mit Blättern, Mangold, Petersilie, alle Salatsorten (Endivien, Feldsalat, Kopfsalat, Kresse, Rauke, Radicchio) und Spinat.

- Man rechnet auch **Fenchel** (Gemüse) dazu, den **Rasen** und **immergrüne Sträucher und Zimmerblumen.**

- Blattage sind **gute Gießtage, aber Vorsicht,** bei einer Schlechtwetterperiode besteht die Gefahr, daß Sie Ihre Blumen ertränken. Darum: **Hausverstand ist wichtiger als astrologische Zeichen.**

- Gut für Arbeiten am **Biotop** oder **Gartenteich.**

- **Warnung:** An diesen Tagen nichts **ernten,** was gelagert werden soll, auch nicht, wenn es Blattpflanzen sind. **Optimale Erntetage sind Blatttage nur, wenn die Gemüse frisch zubereitet und rasch gegessen werden.** Die Blätter sind jetzt besonders saftig und nährstoffreich.

Luftzeichen – Luft- und Lichttage

Waage (Kardinal), Wassermann (fest), Zwilling (fallend)

Wenn der Mond durch diese Zeichen läuft, spricht man von Luft- und Lichttagen.

- Diese Zeichen sorgen für schöne Blüten.

- Sie sind günstig für alles, was trocknen soll.

- Sie wirken ausgleichend zwischen Feuer und Wasser.

- Besonders die Waage gilt – im Gegensatz zum Wassermann (s. Sternzeichen, Seite 36 ff) als „gutes“ Gartenzeichen.

- Gut, an diesen Tagen **Blütenpflanzen** säen, pflanzen, pflegen und ernten wie **Brokkoli, Zucchiniblüten** zum Herausbacken; alle **Blumen,** auch **Blumenzwiebeln.**

- **Schnittblumen** schneiden.

- **Blüten pflücken,** die für Heilzwecke verwendet werden (Kamille, Ringelblume), die für Düngepräparate gebraucht werden wie **Baldrianblüten, Brennessel** (bei den ersten Blütenansätzen pflücken), **Löwenzahn** und **Ölfrüchte** (Raps, Sonnenblumen).

- **Gut für die Reinigung von Gartengeräten, Behältern aller Art und Fensterscheiben** (nach Sonnenuntergang) von **Gewächshäusern, Wintergärten** – sie bleiben länger sauber.

Erdzeichen – Wurzeltage

Steinbock (Kardinal), Stier (fest), Jungfrau (fallend)

Wenn der Mond durch diese Zeichen läuft, spricht man von Wurzeltagen.

- Sie begünstigen das Wurzelwerk, alles, was unter der Erde wächst und dort die Früchte entfaltet. Das müssen im biologischen Sinn nicht wirklich Wurzeln sein wie z. B. die Kartoffeln.

- Gut, an diesen Tagen alles zu pflanzen, zu pflegen und meist auch zu ernten, was unter der Erde wächst wie Karotten, Kartoffeln, Knoblauch, Knollensellerie, Pastinake, Radieschen, Rettich, Rote Bete, Schwarzwurzel, Steckrübe, Topinambur, Wurzelpetersilie, Zwiebel.

Aufsteigende und absteigende Mondbewegung – der Mond geht über oder unter sich (auch: übergehend – untergehend)

- Man nimmt an, daß sich die Sternzeichen verschieden hoch über dem Himmel erheben.

- Sonne und Mond erreichen bei ihrem täglichen Umlauf immer gerade die Höhe der Zeichen, in denen sie sich befinden. Daraus ergibt sich ein periodisches Auf- und Absteigen im Tierkreis: Bei der Sonne im Laufe eines Jahres, beim Mond jeden Monat.

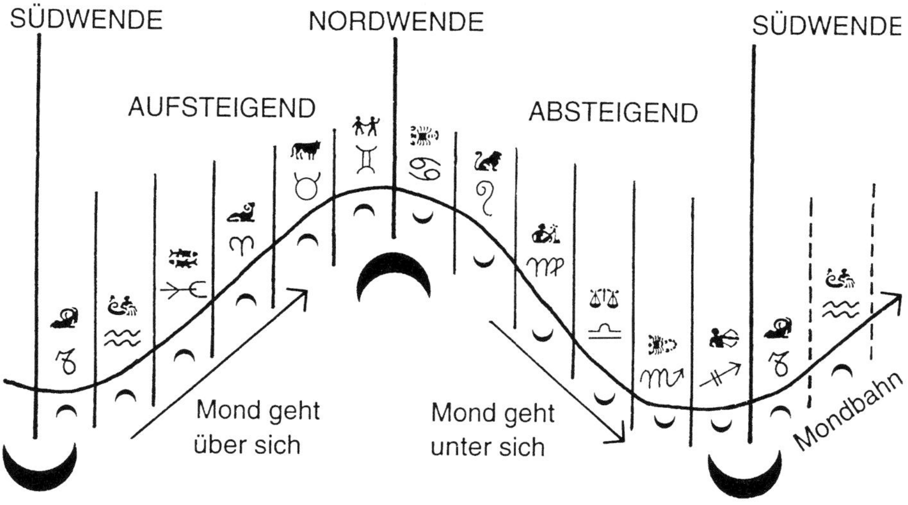

DER MOND DURCHLÄUFT IN EINEM MONAT ALLE ZWÖLF ZEICHEN DES TIERKREISES

Merke:
Diese Bewegung hat nichts mit den Mondphasen zu tun. So kann der Mond bei zunehmendem Mond unter sich gehen und bei abnehmendem über sich. Es sind rein astrologische Daten, die in alten Bauernkalendern, besonders im Allemannischen (Schweiz, Vorarlberg) und in Teilen Nordtirols besonders beachtet wurden und stellen einen anderen Zugang zu den Mondkräften dar als die Mondphasen, zu deren Regeln sie oft in Widerspruch stehen können.

Aufsteigender Mond – über sich gehender Mond

- **Der Mond ist auf Nordkurs: von 0° Steinbock bis 30° Zwilling.**

- **Immer – also jeden Monat – wenn der Mond durch die Sternzeichen Steinbock, Wassermann, Fische, Widder, Stier, Zwilling läuft, ist er aufsteigend oder geht über sich.**

- **Wie sieht die Bewegung aus?** Der Mond geht von der Erde weg. Seine tiefste Stellung hat er bei 0° Steinbock, **er steigt täglich höher** und erreicht bei 30° Zwilling seine Höchststellung. Die Richtung der Bewegung **ist von Süden nach Norden. Von der Südwende zur Nordwende,** um dann wieder täglich tiefer zu gehen.

Die Energie des aufsteigenden (übergehenden) Mondes

- Der Mond **zieht alles nach oben, von der Erde weg,** daher allgemein keine guten Pflanzzeichen, besonders nicht für Früchte, die unter der Erde wachsen sollen.

- Wenn Sie in aufsteigenden Zeichen säen, dann nur, was über der Erde Frucht trägt, also vor allem Blattgemüse, Blumen, Beeren, Halmfrüchte, Sträucher.

- Wenn man aufpassen muß, daß etwas beim Säen, Setzen, Ernten und Lagern nicht fault, dann ist der über sich gehende Mond ideal.

- **Vorsicht, beim Verpflanzen** im aufsteigenden Mond. Pflanzen welken gerne, daher ausreichend, aber nicht übermäßig gießen.

Diese Arbeiten sind jetzt günstig

- Im Herbst düngen und Jauche ausfahren.

- Aufräumearbeiten in Lagerräumen und im Garten.

- Scheiben putzen.

- Holz schlichten.

- Scheiben und Türen einsetzen, sie schwitzen und klemmen nicht.

- Brunnen graben.

- Bächlein anlegen.

- Quellen fassen, Quellwasser suchen – stechen.

- Wasseranlagen im Garten ausführen – sie arbeiten dann besser.

Absteigender Mond – der Mond geht unter sich

- **Der Mond ist auf Südkurs: von 0° Krebs bis 30° Schütze.**

- **Immer wenn der Mond durch die Sternzeichen Krebs, Löwe, Jung-**

frau, Waage, Skorpion, Schütze läuft, ist er absteigend oder er geht unter sich.

- Wie sieht die Bewegung aus? **Der Mond geht auf die Erde zu.** Er beginnt bei der höchsten Stelle 0° Krebs, **er geht täglich tiefer** und erreicht bei 30° Schütze seine Tiefststellung. **Die Richtung der Bewegung ist von Norden nach Süden.** Von der Nordwende zur Südwende, um dann wieder höher zu steigen.

Die Energie des absteigenden (untergehenden) Mondes

- Der Mond zieht alles nach unten, zur Erde hin, daher gilt der Durchgang durch diese Sternzeichen als sehr gute Pflanzzeit. Man sagt: Gepflanzt wird immer bei absteigendem Mond, da die Kräfte stärker in die unteren Pflanzenteile strömen.

- Der absteigende Mond bewirkt eine schnellere und festere Wurzelbildung, das ist wichtig für rauhe Gegenden und alle Früchte, Wurzeln und Knollen, die sich unter der Erde entfalten.

- Der absteigende Mond ist auch gut für Zwiebeln, Kartoffeln – die jetzt nicht aus der Erde gezogen werden. Kopfsalat, der rasch Köpfe machen und nicht schießen soll, gehört ebenfalls bei unter sich gehendem Mond in die Erde.

- Aber wenn man Bohnen jetzt pflanzt, ranken sie nicht, sondern kriechen nur am Boden dahin. Daher auch nicht die ideale Pflanzzeit für rankende Blumen und Sträucher.

Diese Arbeiten sind jetzt günstig

- Wintergemüse und Obst lagern.

- Im Frühjahr düngen und Jauche ausfahren.

- Stalldünger auf die Wiese streuen, damit keine Knollen auf der Wiese liegen bleiben, sondern in die Erde hineingehen (aber nicht in den Zeichen Jungfrau und Waage, wenn sie das Gras Ihren Haustieren, Hasen, Kühen, Schafen, Ziegen) füttern.

- Trocknen und Dörren von Obst und Gemüse.

- **Lagertip:** Äpfel und Kartoffeln bei unter sich gehendem Mond eingelagert, faulen nicht, aber runzeln leichter.

- Most machen und anstechen.
- Gut, Wassergräben graben, verstopfte Wassergräben säubern.
- Gruben bauen.
- Wenn es im Garten etwas zu mauern gibt, ein Fundament auszulegen ist, ein Zeichen im absteigenden Mond wählen, weil alles besser hält.

Die Mondknoten ☊ ☋

Auch sie sind in den meisten auf dem Markt erhältlichen Mondkalendern eingezeichnet.

Die Knotenlinie der Mondbahn

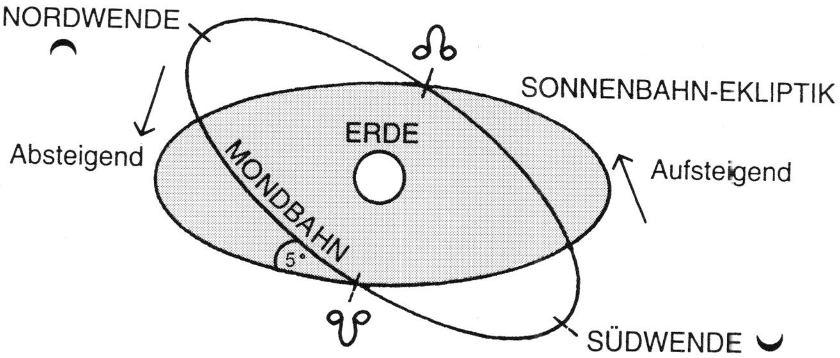

- Die Mondbahn bildet mit der scheinbaren Sonnenbahn (Ekliptik) einen Winkel von 5,14°.
- Wo die Mondbahnebene die Sonnenbahnebene schneidet, sind die Mondknoten.
- Je nach dem ob der Mond in Richtung Norden oder Süden unterwegs ist, spricht man vom aufsteigenden oder absteigenden Mondknoten.

☊ • Der Mondknoten ist aufsteigend, wenn der über sich gehende Mond die Sonnenbahn in Richtung Norden überschneidet.

☋ • Er ist absteigend, wenn der unter sich gehende Mond die Sonnenbahn in Richtung Süden überschneidet.

Ein kompletter Umlauf durch die beiden Mondknoten dauert 27 Tage, 5 Minuten und 38,5 Sekunden – einen sogenannten „drakonitischen“ Monat. Früher war er einmal die Basis für einen Kalender.

Die Energie der Mondknotentage

- Die allgemeine Regel heißt: **Knotendurchgang von Planeten wirkt sich im Pflanzenanbau immer als Kräfteausfall negativ aus. An diesen Tagen sollte die Gartenarbeit ruhen.**

Gartenqualitäten der einzelnen Tierkreiszeichen

Eine alte Bauernregel aus Vorarlberg sagt: Die Sternzeichen sind für den Garten wichtig, weil der Mond von ihnen Gutes und Böses annimmt und an die Erde weitergibt. Einige Zeichen gelten als gute, andere als schlechte Gartenzeichen. Als gut gelten im allgemeinen Widder, Stier, Löwe und Waage, als schlecht oft Krebs und Skorpion.

Aber
Gut und Böse sind aber nie die Zeichen, sondern die Tätigkeiten, die zu falschen Zeitpunkten ausgeführt werden, haben unerwünschte Folgen.

♈ **Mond im Widder**
Kardinalzeichen, Feuer, Frucht- und Samentag, männlich, über sich gehender Mond.

Widder läßt Früchte und Samen reifen.

- Ein gutes Erntezeichen für Bohnen, Erbsen, Gurken, Melonen, Getreide, Radieschen, Tomaten.
- Hacken, jäten.
- Früchte dörren, lagern, einmachen.
- Obstbäume schneiden.
- Fruchtbäume veredeln.
- Kein gutes Zeichen zum Aussäen.

♉ Mond im Stier

Festes Zeichen, Erde, Wurzeltag, weiblich, Mond geht über sich.

- Alle Pflanzen säen oder setzen, von denen die Wurzeln oder Knollen geerntet werden, wie Karotten, Kartoffeln, Knoblauch, Porree, Rettich, Rüben, Spargel, Wurzeln aller Art.
- Alles wächst langsam, ist weniger ungezieferanfällig, das Gemüse wird dauerhaft und ist besonders geeignet für den Wintervorrat, besonders in Tirol/Unterinntal gilt Stier als gutes Zeichen.
- Im Stier verpflanzen gilt vielerorts als ideal, weil alles wieder anwächst.
- Bäume, Sträucher und Hecken jetzt gepflanzt, werden kräftig.
- Früchte einmachen, trocknen, dörren und lagern.
- Erdarbeiten machen.
- Günstig für Reparaturen, die lange halten sollen: Geräte, Pfosten, Latten, Zäune usw.
- Wege verlegen, Platten auslegen.

Stier, das Zeichen für Genußspechte: Wenn Sie ein wenig darauf achten, werden Sie merken, daß Ihnen der Garten an Stiertagen besonders Spaß macht. Sie sind ideal für Gartenfeste und prickelnde Tete à têtes. Entdecken Sie jetzt den Reiz des Gartenhäuschens, die romantische Laube, den Fliederbusch, den weichen Rasen. An warmen Tagen im Sommer, bei Mond im Stier und zunehmendem Mond, worauf noch warten, genießen Sie Ihren Garten von der romantischen und auch von der erotischen Seite. Es hält sie jung und frisch. Nie ist das Mondlicht silberner und geheimnisvoller. Probieren Sie selbst.

♊ Mond im Zwilling

Fallendes Zeichen, männlich, über sich gehend, Luft- und Lichttag.

- Alle Pflanzen säen und setzen, von denen die Blüten geerntet werden: Brokkoli, Blumen, die nicht tief wurzeln: Winden und Wicken, Schlingpflanzen, Heckenrosen, Heilblüten (Kamille, Ringelblume).
- Ernten, was trocken bleiben und halten soll.

- Blumen schneiden für Blumensträuße.
- Rasen, der jetzt gemäht wird, wächst langsam nach. Aber Vorsicht, wenn der Rasen noch jung ist.
- Salben oder Likör ansetzen.
- Früchte einmachen.
- Früchte dörren.
- Blütengehölze schneiden.
- Gartenarbeiten, die von kurzer Dauer sind. Provisorien errichten, Scheiben reinigen.

♋ **Mond im Krebs**
Kardinalzeichen, Wasser, Blattag, weiblich, Mond geht unter sich.

- Alle Pflanzen säen oder setzen, von denen die Blätter geerntet werden. Sie wachsen dann besonders schnell und üppig. Gut für alle Kohlarten, Kresse, Lauch, Mangold, Minze, alle Salate, Spinat und Küchenkräuter.
- Was bei Mond im Krebs gesät oder gepflanzt wird, muß rasch gegessen oder weiterverarbeitet werden. Das gilt besonders für Buschbohnen, Gurken, Spargel, Tomaten, Zucchini.
- Nichts pflanzen, was in die Höhe wachsen soll: Stangenbohnen, rankende Blumen, Sträucher oder Bäume.
- Pflanzen düngen, mit Wasser oder Brühe besprühen.
- Blattgehölze schneiden.
- Gut für alle Wasserarbeiten: Gartenteich, Biotop, Gartenbächlein ausheben und reinigen, Wasser einlaufen lassen.
- Ideale Gießtage, weil der Boden das Wasser gut aufnehmen kann.
- In Tirol/Unterinntal gilt Krebs für Gartenarbeiten als böses Zeichen, weil es die Feuchtigkeit fördert.

Planen Sie ein Gartenfest im Familien- und Freundeskreis?

Bei Mond im Krebs sind die kosmischen Voraussetzungen sehr gut, daß private und familiäre Feste harmonisch und friedlich verlaufen.

♌ Mond im Löwen

Festes Zeichen, Feuer, Frucht- und Samentag, männlich, Mond geht unter sich.

- Alle Früchte setzen und säen, von denen die Früchte und Samen genossen werden: Bohnen, Beeren (ideal Erdbeeren), Erbsen, Obstfrüchte.
- Bäume und Sträucher setzen und beschneiden.
- Rosen pflanzen und pflegen. Sie werden sich wundern über ihre Farbenpracht.
- In warmen Klimazonen grundsätzlich aber Vorsicht beim Säen im Löwen. Löwe gilt als unfruchtbar, weil er die Setzlinge verdorren und die Samen nicht aufgehen läßt.
- In Tirol/Unterinntal gilt es hingegen als besonders gutes Zeichen – das erklärt sich, weil es ein festes Wärmezeichen ist, das ist wieder wichtig, wenn es viel regnet.
- Rasen mähen.
- Jäten.
- Im Mond im Löwen kann man beginnen, was von langer Dauer sein soll.

♍ Mond in der Jungfrau

Fallendes Zeichen, Erde, Wurzeltag, weiblich, Mond geht unter sich.

- Für Pflanzarbeiten ein beliebtes, weil moderates Erdzeichen, das schon Eigenschaften der luftigen Waage hat, aber vor allem ist der Mond in diesem Zeichen unter sich gehend.
- Alle Pflanzen oder Wurzelgemüse säen oder setzen, von denen die Wurzeln oder Knollen geerntet werden: Karotten, Kartoffeln, Knoblauch, Porree, Rettich, Rüben, Spargel, Wurzeln aller Art.

- Blumen, besonders einjährige Sommerpflanzen und Stauden, werden kräftig und blühen intensiv.
- Günstig auch, um Pflanzen zu vermehren und umzutopfen.
- An diesen Tagen aber Wurzelknollen nicht einlagern, Obst nicht einkellern, Blüten nicht abfüllen, sie faulen leichter.
- Keinen Mais anpflanzen, es gibt jetzt viele Stengel ohne Kolben.
- Keine Bohnen ansetzen, da viele Schoten leer bleiben.
- Gut für Holzarbeiten, Holzbearbeitung und das Stapeln von Holz.

♎ **Mond in der Waage**
Kardinalzeichen, Luft- und Lichtzeichen, männlich, Mond geht unter sich.

- Bestes und fruchtbarstes Zeichen für Garten und Gartenarbeiten, weil es ruhig und ausgeglichen ist.
- Unterstützt Arbeiten, die von kurzer Dauer und schnell erledigt sein sollen.
- Alle Pflanzen säen oder setzen, von denen die Blüten geerntet werden wie Brokkoli, Blumenkohl, Heilkräuter, Blumen, die ranken sollen, aber auch alle Schnittblumen.
- Gras säen.
- Bei abnehmendem Mond auch für den Anbau von Knollen und Hülsenfrüchten geeignet.
- Bäume und Sträucher pflanzen.
- Blütengehölze schneiden.
- Blüten in Gläser oder Säckchen füllen.
- Bei abnehmendem Mond Holz versorgen.
- Alle Arbeiten vornehmen, bei denen etwas rasch trocknen soll: La-

Mit den Kräften des Mondes gärtnern beschert Ihnen Obst und Gemüse, das besser schmeckt.

Alles hat seinen Platz und seine richtige Zeit unter dem Mond.

Die Mondkräfte bevorzugen in periodischen Abständen das Wachstum bestimmter Pflanzenteile.

gerräume herauswaschen, weißen, Keller lüften, schlechte Gerüche loswerden, Scheiben reinigen.

♏ Mond im Skorpion

Festes Zeichen, Wasser, weiblich, unter sich gehender Mond, Blattag.

- Die Wasserenergie ist verstärkt, daher alle Pflanzen säen oder setzen, von denen die Blätter geerntet werden wie Salate, Kohl, Lauch, Kresse, aber auch Melonen.
- Jetzt geerntetes Gemüse ist wäßrig, hat aber weniger Geschmack.
- Kren und Rettich ernten.
- Gilt vielerorts – in Tirol – als wachstumshemmendes Zeichen (zu wenig Wärme, Luft und Erdkraft), wenn feuchtes, kaltes Wetter herrscht, besteht tatsächlich die Gefahr, daß jetzt gesätes und gepflanztes Gemüse nicht gerät.
- Alternative, um Knoblauch und Zwiebeln zu setzen.
- Bei abnehmendem Mond gut zum Düngen und Spritzen der Pflanzen.
- Günstig für die Kultivierung von Arzneipflanzen, besonders wenn sie Stacheln und spitzige Früchte haben wie z. B. die Hagebutte.
- Blumen pflegen, die einen Wasserspeicher haben wie Kakteen.
- Kein Gemüse einmachen, nichts dörren oder trocknen.

♐ Mond im Schützen

Fallendes Zeichen, Feuer, Fruchttag, männlich, unter sich gehender Mond.

- Unterstützt die Fruchtbildung.
- Ideales Erntezeichen, denn das Gemüse bleibt länger frisch.
- Alle Pflanzen säen oder setzen, von denen die Frucht oder die Samen ge-

nossen werden wie Erbsen, Bohnen, Gurken, Tomaten, Melonen, Getreide, Obst und Beeren, dazu ideal für Rosen.

- Außer den genannten Pflanzen aber nichts säen oder hacken.
- Unkraut verbrennen.
- Fruchtgehölze schneiden.

♑ **Mond im Steinbock**
Kardinalzeichen, Erde, Wurzeltag, weiblich, Mond geht über sich.

- Alles pflanzen säen oder setzen, von denen die Wurzeln oder Knollen geerntet werden wie Karotten, Rote Rüben, Sellerie, Rettiche, Topinambur, Zwiebeln, Knoblauch, Kartoffeln.
- Günstig für das Anpflanzen von Wintergemüse, Wirsing, Winterspinat, Kohlsprossen, Rüben, Sellerie, Zwiebeln, denn die Pflanzen erhalten kräftige Wurzeln.
- Gut auch für das Pflanzen von Bäumen und Büschen, weil Stamm und Rinde kräftig werden.
- Aber keine Hülsenfrüchte setzen, sie werden hart und auch Kohlrabi verholzen.
- Auch für alle blühenden Pflanzen sind Steinbocktage nicht geeignet.
- Gemüse lagern.
- Kompost ansetzen.
- Alle Arbeiten, die von langer Dauer sein sollen und Gründlichkeit und Ausdauer verlangen – an einem Steinbocktag tut man sie lieber: z. B. den Garten anlegen, Steine oder Platten verlegen, Zäune errichten, Pfosten in der Erde befestigen.
- Holz aufschlichten, Regale bauen, Lagerräume auf- und umräumen.

♒ Mond im Wassermann

Festes Zeichen, Luftzeichen, Luft- und Lichttag, männlich, Mond geht über sich.

- Gilt als ungünstiges Zeichen. Ausgepflanzte Setzlinge verkümmern, die Samen gehen nicht auf, denn es fehlen die Energien der Erde und des Feuers, die für das Wachstum so wichtig sind.
- Jetzt Gesätes gerät nicht und fault gern – besonders Zwiebeln.
- Bäume wurzeln nicht.
- Nur Efeu, rankende Blumen und Sträucher pflanzen.
- Sehr gut zum Jäten, Graben und zur Bekämpfung von Gartenschädlingen.
- Blütengehölze schneiden.
- Kartoffeln,Wurzelknollen, Blumen und Obst jetzt nicht einkellern, sie faulen leicht.
- Früchte einmachen.
- Obst dörren.
- Günstig aber für alle Anstreicharbeiten – die Farbe trocknet schnell und hält lange – und Fensterscheiben putzen – sie bleiben lange sauber.

♓ Mond in den Fischen

Veränderliches Zeichen, Wasserzeichen, Blattag, weiblich, Mond geht über sich.

- Gilt als fruchtbares, wachstumsintensives Zeichen.
- Alle Pflanzen säen oder setzen, von denen die Blätter geerntet werden und die rasch gegessen werden wie Salate, Kohl, Lauch, Kresse, besonders Spinat, aber auch Monatserdbeeren und Radieschen.
- Warnung: das in diesem Zeichen Gepflanzte nimmt gern einen üblen Geschmack an und hält sich nicht lange.
- Gute Gieß- und Düngetage.

- Kein Gemüse oder Obst einmachen, keine Wurzelknollen einkellern, sie halten nicht.

- Ideal für Arbeiten an Wasserleitungen, am Gartenteich und Biotop.

Noch ein Wort zum Streit um den richtigen Mondkalender

Es wäre ja zu schön, wenn an dieser Stelle nur die Entscheidung zu treffen wäre, Mondkalender mit Sternzeichen oder nur Mondphasen. Nein, es ist viel komplizierter.

Die Mondkalender der Antroposophen (Schüler Rudolf Steiners) berücksichtigen auch, daß die Tierkreisbilder weitergewandert sind und die astrologischen Sternzeichen dem aktuellen Himmelsgeschehen nicht mehr entsprechen. Sie rechnen daher die Bewegung des Himmelspols ein und erhalten für den Mondkalender Verschiebungen um Tage gegenüber dem klassisch astrologischen Kalender. Daraus entstehen grundverschiedene Mondkalender – die rein astrologischen und die sogenannten astronomischen – deren Aussagen sich widersprechen.

- Aber die antroposophischen Mondgärtner arbeiten letztlich doch mit dem Tierkreis, der in seiner Vereinfachung nie dem tatsächlichen Geschehen am Himmel entsprechen kann. Seine Deutungen beruhen immer auf der Astrologie. Die Beobachtungen sind vereinfacht. Die Aussagen über die Kräfte der Sternzeichen bleiben nach wie vor eine Mischung aus Intuition und Mathematik, die durch den festen Glauben daran bestätigt werden.

Den richtigen Mondkalender gibt es nicht

Wenn sich die Anhänger der rein astrologischen und astronomisch-astrologischen Schulen auch abwechselnd der jahrzehntelangen Gartenpraxis und Forschung rühmen und auf die Richtigkeit ihrer Empfehlungen schwören, beruht der Erfolg ihrer Bemühungen nicht auf der Richtigkeit des Mondkalenders, sondern auf dem engen Zusammenwirken von Gärtner und Pflanzen.

Pflanzen sind ganz besondere Wesen

Sie reagieren mehr als jedes andere Lebewesen auf Zuwendung, Liebe und Aufmerksamkeit. Das sind ihre Hauptnahrungsmittel und dafür tun sie alles. Pflanzen reagieren absolut unkritisch, stellen nichts in Frage, solange sie sich geliebt fühlen. Jüngste Untersuchungen haben gezeigt, daß eine geliebte Pflanze den Seelenzustand ihres Pflegers über Hunderte von Kilometern wahrnimmt und darauf auf bestimmte Weise antwortet. Umgekehrt leiden sie schrecklich unter Vernachlässigung, Lieblosigkeit und seelischer Kälte. Davon kriegen sie Fieber, werden krank und sterben frühzeitig.

Wieso sollte Ihre Pflanze da nicht wachsen, wenn Sie der festen und liebevollen Überzeugung sind, daß gerade heute astrologisch das richtige Zeichen ist, sie zu hegen und zu pflegen? Es ist Ihre Liebe, die gedeihen läßt und nicht das sture Befolgen von Regeln, von denen Herr X behauptet, daß sie stimmen.

Die alten Bauernkalender benutzen immer die Astrologie

Ich empfehle bei den Sternzeichen die astrologische Ausrichtung, denn Sternzeichen sind eine astrologische Festlegung und solange man mit Feldern von 30° rechnet, werden sie nie astronomisch korrekt sein. Aber auch astronomisches Wissen ist nur bruchstückhaft. Die alten Bauernkalender benutzten immer nur die Astrologie als Grundlage, und genaugenommen besteht kein Grund, das Weiterwandern des Himmelspols zu berücksichtigen, dadurch wird die Sache nicht wirklicher.

Tips für Ihren ganz persönlichen Mondkalender

- Wenn Sie herausfinden wollen, was für Sie stimmt und Sie Zeit und Muße haben, legen Sie sich ein persönliches **Gartentagebuch** an. Ein einfaches Schulheft tut es.

- Machen Sie Experimente. Halten Sie fest, an welchem Tag Sie was getan haben. Schreiben Sie die Aussaat-, Pflanz- und Erntetage auf. Machen Sie Vergleiche und beobachten Sie die Ergebnisse. So bekommen Sie Klarheit, was für Sie optimal ist.

- In jedem Fall aber machen Sie sich bewußt, **daß die Pflanze ein Lebewesen ist, das wie ein sensibler Freund auf Ihre Wünsche und Vorstellungen eingeht.** Sie wächst bis zu einem gewissen Grad so, wie Sie es wünschen. Das erklärt, daß auch ganz gegensätzliche Mondkalender sehr gute Ergebnisse hervorbringen können, weil die Pflanzen ein volles Maß an Aufmerksamkeit erhalten.

GÄRTNERN MIT KOSMISCHEN KRÄFTEN UND NÜTZLICHEN IRDISCHEN DINGEN

Die Mondkräfte haben einen bedeutenden Einfluß auf das Wachstum Ihrer Pflanzen, aber sie wirken nicht,

- wenn Sie das Wetter im Stich läßt;
- die Erde auf den Beeten und in Ihren Blumentöpfen falsch ist;
- Sie zu viel düngen;
- übermäßig gießen;
- oder Pflanzen zusammensetzen, die nicht zusammengehören;
- und ganz besonders, wenn künstliche, naturfremde Wachstumsbedingungen herrschen.

Erst wenn auch die Wachstumsbedingungen der Pflanzen stimmen und weitgehend biologisch sind, so daß es zu einem Austausch zwischen Boden und Pflanze kommt, können Sie die Mondkräfte nutzen.

Pflanzen sind Lebewesen. Sie haben Hunger und Durst. Damit sie wachsen, groß werden und Früchte tragen, brauchen sie die richtige Umgebung, ausreichend Nährstoffe und Pflege.

Der richtige Boden

Ein guter Boden ist das Fundament jedes Gartens und jedes Blumenkästchens. Er bestimmt die Gesundheit Ihrer Pflanzen. Aus ihm saugen sie mit den Wurzeln Nährstoffe und Wasser und leiten sie in die Lymphe, ihr Kanalsystem, das sie bis in die Blattspitzen durchzieht.

Boden und Pflanzen bilden eine Einheit. Der Boden ist die Küche und der Verdauungsapparat der Pflanzen. Seine Aufgabe ist die Umwandlung der Rohstoffe aus der Humusschichte zu Nährstoffen, die von der Pflanze angenommen werden können. Das Mondlicht heizt mit seiner Strahlung den Ofen an. Es ist eine enge Zusammenarbeit zwischen unterschiedlichen Kräften der Natur, die freilich nur so lange währt, als die Voraussetzungen stimmen. Chemische Überdüngung, rücksichtslose Bodenumschichtungen mit Baumaschinen machen es oft schwer, im Garten wieder natürliche Wachstumsbedingungen zu schaffen. Das braucht dann Jahre.

WICHTIG: Nur wenn der Gartenboden für die Wachstumsbedingungen optimal ist, können die Mondkräfte wirklich ihre Arbeit tun.

So entsteht ein guter Gartenboden

Ein guter Gartenboden entsteht durch jahrelange intensive Gartenkultur. Er braucht

- eine dauernde Zufuhr von organischer Substanz – Kompost und andere organische Dünger;
- bei vorausgegangenen Bauumschichtungen, bei Bodenauslaugung, intensive Bearbeitung, damit Bodenbakterien und Regenwürmer sich wieder wohlfühlen und ihre nützliche Misch- und Wühltätigkeit wieder aufnehmen können;
- geregelte Wasserversorgung durch Gießen;
- und ausreichende Beschattung.

Mit der Natur als Vorbild für eine gesunde Humusschichte

Die Humusschichte – die obersten 10–30 cm des Bodens – geben der Pflanze Leben. In ihr arbeiten Milliarden von Bakterien an der Umwandlung und Zersetzung von Substanzen. Sie sind es, die die Nahrung für die Pflanzen aufbereiten. Die oberste Schichte des Bodens ist in der Natur aber nie nackt. Sie ist von Blättern, Zweigen, Nadeln oder Gras bedeckt, die zu Humus umgewandelt werden. Und genau damit können auch Sie arbeiten.

Mulchen

bedeutet, die Erde zudecken. So wird sie vor dem Austrocknen geschützt, erhält wertvolle Nährstoffe und ist von Unkraut geschützt. Die Mulchschichte zersetzt sich nach und nach. Dadurch werden dem Boden wertvolle Stoffe zurückgegeben.

Mulchen können sie mit:

- **Brennesseln** vor dem Blühen – bei abnehmendem Mond abschneiden; ideal für Gemüse und Baumscheiben. Brennesseln wirken auf die Pflanzen wie ein hochkonzentriertes Nährstoff- und Mineralstoffpräparat.

- **Grasschnitt.**

- Ausgegeizten **Blättern von Tomaten und Beinwell.**

- **Laub und gehäkselten Zweigen.**

- **Rindenmulch für die Abdeckung von Wegen, Gehölzen, Beerensträuchern und Rosen,** auch um Schädlinge fern zu halten. Nicht im Gemüsegarten verwenden, weil er noch Gerbsäure enthält und eine saure Bodenreaktion auslöst.

- Mit einer **Pflanzendecke aus Kapuzinerkresse für Obstbäume.**

- Ungedrucktem Papier.

- Im Handel befindlichen Mulchfolien bzw. Mulchpapier.

So unterstützt der Mond das Mulchen

- Der abnehmende Mond und absteigende Zeichen ziehen die Nährstoffe in den Boden. **Aber Vorsicht:** das Mulchmaterial vorher antrocknen lassen, wirklich nur in dünnen Lagen mulchen. Bei nassem Wetter die Mulchschichte entfernen, damit sie nicht zu schimmeln beginnt und ein Paradies für Schnecken wird.

Gründüngung

heißt, bestimmte Pflanzen mit der Aufgabe anpflanzen, den Boden zu lockern, zu beschatten, mit Nährstoffen anzureichern oder auch Nährstoffüberschüsse abzubauen. Wenn die Pflanzen **zu blühen beginnen,**

- werden sie abgemäht und in den Boden eingearbeitet,
- oder bleiben im Herbst einfach als Mulchschichte auf dem Boden liegen.

Der richtige Zeitpunkt für das Säen und Einarbeiten von Gründüngungspflanzen

ist im Frühjahr oder im Herbst

- bei abnehmendem Mond,
- bevorzugt in einem absteigenden Zeichen.

Kurzportraits einiger wertvoller Helfer für die Gründüngung

Bienenfreund (Phacelia tanacetifolia) für leichte bis mittelschwere Böden, bei denen Quecken, Giersch und Ackerwinde ein gestörtes Bodengefüge anzeigen. Sie drängen das Unkraut zurück. Eine gute Weide für Bienen!

Hülsenfrüchte (Leguminosen) leben mit Knöllchenbakterien in Symbiose, die Stickstoff aus der Bodenluft binden. Dieser hilft Starkzehrern wie Kraut.

Kapuzinerkresse verdrängt Unkraut und begrünt sehr rasch den Boden.

Kartoffeln als Gründüngungspflanzen wirken Wunder in einem überdüngten, verunkrauteten und verschlämmten Boden, sie lockern und beschatten ihn und bauen Nährstoffüberschüsse ab.

Kleesorten durchlüften und lockern schwere Böden, sammeln Stickstoff, sorgen für tiefe Durchwurzelung, sind humusbildend und vertreiben Mäuse.

Lupinen sorgen bei einem nährstoffarmen, sandigen bis lehmigen Boden für bessere Speicherfähigkeit von Wasser und erhöhen auch den Stickstoffgehalt des Bodens.

Ölrettich macht lehmigen Boden krümelig – darf aber nie vor Kohl ausgesät werden, weil dadurch die Kohlhernie gefördert würde.

Ringelblumen haben eine intensiv riechende Ausscheidung, die Fadenwürmer vertreibt.

Senf siehe Ölrettich.

Tagetes, Studentenblumen siehe Ringelblumen.

Mischkultur

Wie auch Menschen fördern oder behindern sich Pflanzen im Wachstum gegenseitig. Beachten sie dieses Naturgesetz, sorgen Sie für gute Nachbarschaften und respektieren Sie die Einzelgänger. Dann sind Ihnen gesunde Pflanzen und hohe Erträge sicher.

Fruchtwechsel und Pflanzenfolge

Pflanzen haben einen ganz unterschiedlichen Appetit und unterschiedliche Vorlieben. Die einen brauchen für ihr Wachstum viele Nährstoffe aus dem Boden. Andere sind wesentlich genügsamer. Dazu ziehen sie nicht nur Nährstoffe heraus, sondern geben sie auch wieder an den Boden ab. Daraus ergeben sich für den aufmerksamen Naturgärtner viele Möglichkeiten, das Spiel der Natur für seine Gemüse zu nützen.

Es gibt **starkzehrende Pflanzen** wie die **Kohlsorten, Kartoffeln, Kürbisse, Gurken, Mangold, Sellerie, Rhabarber, Tomaten, Zucchini und Porree.** Sie wachsen schnell und verlangen nach einem Beet mit viel organischem Dünger. **Mittelzehrer** wie **Auberginen, Brokkoli, Chicorée, Fenchel, Karotten, Knoblauch, Radieschen, Rettiche, Rote Bete, Schwarzwurzeln, Spinat und Zwiebeln** sind mit den Überresten der Starkzehrer durchaus zufrieden und wollen nur sparsame Düngung. **Schwachzehrer** wie **Bohnen, Erbsen, Feldsalat, Gewürzkräuter, und Sommerblumen** geben sogar noch Nährstoffe an den Boden ab, brauchen etwas Kompost, aber keinen Dünger.

Der Naturgärtner wird sich auf einen **geschickten Fruchtwechsel** einlassen und **schwach-, mittel- und starkzehrende Pflanzen abwechseln.** So sind die Bodennährstoffe gut ausgenützt und der Boden muß vor allem nie mehr hergeben, als er hat.

- **Mangelerscheinungen** kommen aber auch zustande, wenn Sie **immer dieselbe Pflanzenfamilie** anpflanzen, weil der Boden die Nährstoffe einseitig abgibt. Pflanzenschutzmittel sind die falsche Antwort. Besser ist es, wenn Sie zusätzlich **eine mehrjährige Pause (mindestens drei Jahre) von einer Pflanzenfamilie machen.**

- Beziehen Sie für einen Fruchtwechsel auch die Überlegung ein, daß die **Wachstumsenergien sich in verschiedenen Pflanzenteilen** konzentrieren, in **Wurzeln, Stengeln, Blättern, Blüten und Früchten. Wechseln Sie daher z. B. blatttragende Pflanzen wie Salate mit Wurzeln ab,** um die Nährstoffe im Bodenbereich festzuhalten. **Damit holen sie auch über die Astrologie unterschiedliche kosmische Kräfte in Ihre Nährstoffküche.**

WICHTIG: auch beim Fruchtwechsel gilt es, nicht eine Regel um jeden Preis anzuwenden. Fruchtwechsel ist nötig, aber für das Wie gibt es immer nur Orientierungshilfen. Was der Pflanze wirklich nützt, muß auf das regionale Klima und den Boden abgestimmt sein. Denken Sie z. B. an die Winterkohlsorten wie Kohlsprossen oder Grünkohl. Sie brauchen viel weniger Nährstoffe als die frühen Sorten Weiß- oder Rotkohl.

Rund um das Düngen

Düngen und die Herstellung von Kompost sind wieder eng mit den Kräften des Mondes verbunden, denn sie haben mit der Nährstoffaufbereitung und Ernährung der Pflanzen zu tun. **Damit die Mondkräfte aber ihre Ar-**

beit tun können, ist es wichtig, organische bzw. organisch-mineralische Dünger (Kompost, Blut-, Horn-, Knochenmehl, Rhizinusschrot, Hornspäne, Holzasche ...) zu verwenden, weil nur über sie die Nährstoffe durch das Bodenleben für die Pflanzen aufgeschlossen werden. So wirkt der Mond als Katalysator. Bei Kunstdüngern spielt die Zusammenarbeit zwischen kosmischen Kräften, dem Boden und der Pflanze keine Rolle.

Der Komposthaufen, das schwarze Gold des Gartens

Wo soll ein Komposthaufen im Garten sein?

- An einem schattigen, aber lichten Platz, in der Nähe einer Hecke oder eines Baumes, auf gewachsenem Boden.

- Bei wenig Platz verwenden Sie einen **Kompostbehälter** wie er im Handel angeboten wird, oder **zimmern sich** aus Tomatenpfählen und Dachlatten selbst **eine Kompostbox,** deren Größe Ihrem Bedarf entspricht. Bei ausreichend **Raum setzen Sie einfach auf dem naturgewachsenen Boden einen länglichen Haufen an.**

Auf den Komposthaufen gehören

- angetrockneter Rasenschnitt, Laub, Stroh, Jätgut (solange es nicht blüht oder Samen angesetzt hat), Pflanzenabfälle, Reisig, Sägespäne, Blütenstauden, Rasenziegel;
- Schnittblumen, Wollreste, Haare in geringen Mengen, Federn;
- Gemüse- und Obstreste, Eierschalen, Teesäcke, Kaffeefilter, Papierservietten;
- dazu Gesteinsmehle, Algenkalk, Hornspäne, Düngekalk, Blut- und Knochenmehl.

Nicht auf den Kompost sollen

- Fleischreste – sie ziehen Ungeziefer und Ratten an;
- gekochte Küchenabfälle;
- Ölreste;
- Schalen von Zitrusfrüchten;
- Pflanzen mit Pilzkrankheiten;
- faules Obst oder Gemüse;
- Glas, Metall, Chemikalien und synthetische Materialien.

So wird ein Komposthaufen aufgesetzt:

- Den natürlich gewachsenen Untergrund lockern, damit die Bodenbakterien gleich mit der Arbeit beginnen und Sickerstoffe ablaufen können.
- In die unterste Schicht pflanzliches Material,
- dieses mit Gesteinsmehl und Algenkalk überpudern,
- darauf eine dünne Schichte fertigen Kompost geben, um das frische Material mit Bakterien zu impfen und die Verrottung zu beschleunigen,
- darauf wieder pflanzliches Material;
- mit Gesteinsmehl überpudern,
- eine Schichte tierische Abfälle und wieder Pflanzenmaterial.
- Wenn Sie zwischen die einzelnen Lagen einige nicht allzu kleine Zweige und Äste vom Baumschnitt geben, sorgen Sie für ausreichend Sauerstoff im Haufen und ersparen sich so das Umsetzen.

Wichtig ist, daß der Komposthaufen mit einer Haut aus Grasschnitt abschließt, damit er innen die Feuchtigkeit hält, aber auch zuviel Wasser von außen abhält. **Bei sehr trockenem Wetter** gießen Sie den Komposthaufen gelegentlich. Das Material soll leicht feucht, aber nicht naß sein, sonst stinkt der Haufen und fault.

Der richtige Zeitpunkt zum Aufsetzen

- ist der abnehmende Mond, damit der Komposthaufen schön kompakt und die richtige Feuchtigkeit bekommt – nicht zu naß, aber auch nicht zu trocken und zu locker bleibt.

Komposterde ist richtig reif, wenn sie nach Walderde duftet. Der Rottevorgang dauert von einem halben Jahr bis zu einem Jahr.

Komposterde wird nur oberflächlich eingearbeitet.

Welche Nährstoffe wirken bei welchem Sternzeichen?

Kalium (K) fördert die Zucker- und Stärkebildung der Pflanzen und erhöht ihre Widerstandsfähigkeit; reichlich enthalten in Holzasche.
- Verstärkte Wirkung bei Mond im Stier.

Kalk (Ca) dient der Bodenlockerung und stumpft Säuren ab.
- Gute Wirkung bei Mond in Jungfrau.

Magnesium (Mg) ist ein wesentlicher Bestandteil des Blattgrüns –
- es reagiert besonders positiv auf wäßrige Zeichen.

Phosphor (P) dient der Blüten- und Fruchtbildung; enthalten in Knochenmehl.
- Die Wirkung erhöht sich in feurigen und luftigen Zeichen.

Stickstoff (N) brauchen die Pflanzen für ihr Wachstum. Stickstoff fördert die Triebe, üppiges, dunkles Grün und schöne Früchte; enthalten in Hornmehl; nur bis Ende Juni geben, um die Triebe nicht nochmal anzuregen.
- Die Stickstoffbindung in der Erde ist erhöht bei Mond im Steinbock.

Neben diesen Hauptnährstoffen brauchen die Pflanzen noch **Spurenelemente wie Bor, Chlor, Eisen, Kupfer, Mangan, Molybdän, Schwefel, Silicium,** die ein gesunder Boden alle enthält. **Was Ihnen aber sicher nicht entgangen ist: Genau diese Mineralstoffe und Spurenelemente nehmen wir täglich über das Gemüse auf, um fit und lebensfroh zu bleiben bis ins hohe Alter.**

Den Boden sanft bearbeiten

Zankapfel Umgraben

Hier scheiden sich die Geister. Die organisch-biologischen Landbauer sind völlig dagegen. Sie sagen, daß jede Bodenbearbeitung das Gefüge des Bodens stört. Die biologisch-dynamischen Gärtner sehen in einer sanften Lockerung nichts Böses, weil sie den Boden lebendig hält, wenn auch ein humusreicher Boden sicher keine Schaufel mehr braucht. Aber ein humusreicher Boden will eben erst erarbeitet sein.

Den Boden mit Grabgabel oder Sauzahn lockern

- Etwa alle 15 cm eine **Grabgabel** in die Erde stechen und den Stiel ruckartig hin- und herziehen.

- Den **Sauzahn** alle 10 cm diagonal durch die Erde ziehen.

Hacken

Wenn wir während des Wachstums hacken, den Boden um die Pflanzen lockern und Unkraut entfernen, ziehen kosmische Kräfte wieder besser in den Boden und beeinflussen das Pflanzenwachstum. Denn nach Regenfällen entsteht eine Kruste, die das Einziehen dieser Energien in den Boden verzögert. Aber auch Luft mit hohem Stickstoffgehalt kommt besser an die Wurzeln, umgekehrt kann Kohlensäure aus dem Boden entweichen und Unkraut hat kaum mehr eine Chance. **Hacken wirkt wie düngen.**

Doch günstige Zeitpunkte sind wichtig

- Die **allgemeine Regel** für den richtigen Zeitpunkt: Die Pflanzen gehören bei derselben Mondkonstellation gehackt wie sie in die Erde gekommen sind.

- **Wenn der Hacktermin ungünstig gewählt ist,** werden die günstigen Einflüsse des Aussaattermines abgeschwächt.

- **Der Mond beeinflußt beim Hacken besonders den Stickstoffgehalt des Bodens. Die Stickstoffbindung in der Erde ist am größten,** wenn Sie in einem Erdzeichen, bei Mond im Stier, Jungfrau, Steinbock hacken.

- Aber auch andere Zeichen haben ihre Funktion: **Wäßrige Zeichen** sind gut für **Kalziumprozesse. Luftige und feurige Zeichen** fördern die **Kalium-** und **Phosphoraktivität. Feurige Zeichen** regen vor allem die **Schwefelprozesse** an.

- **Alle Unkräuter keimen sehr gut** bei Mond im Löwen. Manche Gärtner empfehlen daher eine Bodenlockerung vor der Saatbeetbereitung im Frühjahr während dieses Mondstandes. Wenn das Unkraut keimt, wird es in den Boden eingearbeitet und nach ca. zwei Wochen als Saat eingebracht. So kann sogar Unkraut den Boden verbessern.

- **Unkraut keimt schwer,** wenn der Mond im Steinbock steht. Dieser kosmische Einfluß gilt als ideal für das letzte Hacken und Bearbeiten von Kartoffeln und Wurzelfrüchten vor der Ernte.

- **Unkräuter wachsen nur mehr schwer nach,** wenn Sie bei abnehmendem Mond, nahe Neumond aus der Erde gezogen werden.

- **Vorsicht** bei Hackarbeiten an Schütze- und Löwetagen, weil die Früchte dann leicht verletzt werden.

So nützen Sie das glückliche Zusammenwirken mit anderen Kräften
Hacken am Vormittag: Der Boden atmet jetzt aus. Einem feuchten Boden geben Sie die Möglichkeit, zu viel Feuchtigkeit loszuwerden. **Hacken**

am Nachmittag: Der Boden atmet jetzt ein, ein trockener Boden kann zusätzlich Feuchtigkeit aus der Luft aufnehmen.

WICHTIG: Nie tiefer als 3 cm hacken.

Richtig gießen

In manchen Mondkalendern gelten die wäßrigen Zeichen (Krebs, Skorpion, Fische) als ideale Tage zum Blumen- und Gartengießen. Sich ausschließlich daran zu halten, wäre pure Unvernunft. **Viel wichtiger ist es, zu gießen, wenn Ihre Pflanzen durstig sind.**

Das ist
- bei der Umpflanzung,
- bei der Rasenaussaat,
- im sommerlichen Gewächshaus,
- in trockenen Perioden.
- Gießen Sie nur morgens oder abends
- auf den gelockerten Boden – nicht auf die Pflanzen,
- verwenden Sie eine Brause.

Beachten Sie:

- Azaleen, Rhododendren und viele Zimmerpflanzen **mögen kein Leitungswasser,** weil es Kalk enthält. **Lassen sie Leitungswasser wenigstens einige Tage stehen,** damit es sich erwärmt und belebt.
- **Ideal zum Gießen ist Regenwasser.** Stellen Sie Ihren Behälter im Garten so, daß das Wasser vom Mondlicht beschienen wird und seine Energien speichern kann.

Mit dem richtigen Mond gegen Gartenschädlinge

Der richtige Mond sorgt für das Wohlergehen der Pflanzen. Der falsche Zeitpunkt beim Säen und Pflegen, die falsche Behandlung, ein ungeeigneter Boden machen die Pflanzen schwach und krank. Sie zeigen, daß sie sich nicht wohl fühlen.

> Wie ein guter Arzt die Abwehrkräfte seiner Patienten stärkt, sorgt auch der Gärtner mit natürlichen Mitteln vor und trachtet, seine Pflanzen vor allem zu kräftigen.

Wichtige Termine mit dem Mond für starke Pflanzen

Für vorbeugende, kräftigende Maßnahmen wählen Sie Tage, die den pflanzlichen Widersachern das Leben schwer oder unmöglich machen.

- Bei abnehmendem Mond ziehen die Nährstoffe besser in die Erde ein. Verstärkt ist die Wirkung, wenn Sie kräftigende Tees, Jauchen und andere nährstoffhaltige organische Mehle am Nachmittag verwenden.

- Von den Sternzeichen sind immer die günstigen Aussaattage auch günstig für die Pflanzenpflege: erdige Zeichen für Wachstum unter der Erde, wäßrige Zeichen für das Blattwachstum, feurige Zeichen für Früchte, luftige Zeichen für Blütenpflanzen, bevorzugt bei absteigendem Mond.

Wenn die Schädlinge über Ihre Pflanzen herfallen

- **Alles, was verschwinden soll,** auch im Garten, hat bei abnehmendem Mond, bevorzugt am Neumondtag, die größte Aussicht auf Erfolg. Jetzt ist der ideale Zeitpunkt, um Engerlinge, Schnecken, Raupen abzusammeln, Pflanzen von Blattläusen zu säubern – astrologisch sehr gut bei Mond im Skorpion.
- Ebenso müssen **befallene Pflanzen** immer bei abnehmendem Mond mit Jauchen bespritzt oder begossen, bzw. mit Kalk, Asche oder Urgesteinsmehl bestäubt werden.
- Auch **medizinische Zurückschnitte bei kränklichen Pflanzen** wirken am besten um Neumond.
- Gegen **Schnecken** Eierschalen bei abnehmendem Mond zerstampfen und bei zunehmendem Mond ausstreuen.

Brauen Sie Ihren Pflanzen kräftigende Tees und Jauchen

Hier können Sie wirklich kreativ werden. Halten Sie in Ihrem Garten einige Behälter bereit, in denen Sie die kräftigenden Nährlösungen ansetzen. Achten Sie darauf, daß sie auch vom Mondlicht erreicht werden, um möglichst viel kosmische Kraft aufzufangen.

Ackerschachtelhalmtee und Jauche
enthält viel Kieselsäure zur Bekämpfung von Pilzen. Anwendbar auf Kartoffeln, Kohlpflanzen, Erdbeeren und Obstbäume.

- Bei Vollmond $^1/_4$ kg frische Pflanzen auf 2,5 l Wasser aufkochen, ca. $^1/_2$ Stunde leicht kochen lassen. 1:5 mit Regenwasser verdünnen, kräftig rühren. Bei abnehmendem Mond die Pflanzen besprühen. Wenn der Tee gärt, nur mehr die Wurzeln düngen.

Baldrian
fördert die Blüten- und Fruchtbildung, schützt Obstbäume und Beerensträucher vor Frost; als Tee, unverdünnt

- um Vollmond zubereiten, vor der Blüte, bzw. vor dem Fruchten gießen.

Brennesseljauche und Brennesselauszug
Brennesseljauche ist eine stark treibende Substanz und dient der Kräftigung aller Pflanzen. Beugt Blatt- und Schildläusen, Spinnmilben und Ameisenkarawanen vor.

- Jauche idealerweise ca. 3 Tage vor Neumond ansetzen. 1 kg frische Brennesseln auf 10 l Wasser. Täglich einmal umrühren. Die Gärung beginnt nach ca. zwei Wochen um Vollmond. Gegen den Gestank auf die Wasseroberfläche Gesteinsmehl geben. 1:10 verdünnen. Wurzeln gießen oder Blätter besprühen bei abnehmendem Mond.

Aus Brennesseln kann auch ein sehr wirksamer **24-Stundenauszug** hergestellt werden.

- Bei abnehmendem Mond, ideal im letzten Quartal: 1 kg Kraut, das noch keine Samen entwickelt hat, in 10 l Wasser ansetzen. Nach 24 Stunden abseihen. Bei abnehmendem Mond Pflanzen besprühen, die mit Raupen oder Maden befallen waren.

Beinwelljauche
wie die Brennesseljauche zubereiten. Sie braucht aber weniger lange zur Gärung. 1:3 oder 1:5 verdünnen. Ist stark wachstumsfördend.

Farnkraut als Tee, unverdünnt, schützt gegen Blatt- und Schildläuse.

Kamille als Aufguß 1:5 mit Wasser verdünnt verwenden, erhöht die Keimkraft der Samen, desinfiziert Baumwunden und wirkt gegen die Himbeerrutenkrankheit.

Rainfarn- und Wermuttee
1 kg Blätter aufkochen und ziehen lassen. 1:30 verdünnen und über die Pflanzen spritzen. Der Geruch vertreibt fliegende Insekten. Vorsicht, Rainfarn ist giftig. Er wirkt auch gegen Erdflöhe.

IHR GEMÜSE

knackig und nährstoffreich mit dem richtigen Mond

Der Gemüsegarten ist die Fabrik, in der die Natur all die wertvollen Biostoffe herstellt und aufbereitet, die uns jung, gesund und schön erhalten. Ein Gemüsegarten macht Arbeit und ein Mondgarten fordert noch einmal einiges an Naturbeobachtung, Forschergeist und Disziplin. Für die Arbeit werden wir aber reich belohnt. Kein Gemüse schmeckt besser und ist bekömmlicher als das zum richtigen Zeitpunkt selbst gezogene.

Beachten Sie:

- Insbesondere der **Keimprozeß** ist stark von den Kräften des Mondes beeinflußt. Daher ist der Zeitpunkt, wann der Samen in die Erde kommt, so wichtig.

- Beim Aussäen brauchen die Samenkörner **engen Bodenkontakt.** Er entsteht umso leichter, je feinkörniger die Erde ist. Als **Faustregel für die Saattiefe** gilt: So tief, wie der doppelte Samendurchmesser ist.

- **Aussaat ins Freiland und das Auspflanzen** ist in vielen Gegenden des Nordens erst ab den Eisheiligen – Mitte Mai – möglich. Bevor die jungen Pflänzchen ins Freiland kommen, müssen Sie im Folientunnel oder im Frühbeet vorher abgehärtet werden, indem Sie das Dach des Frühbeetes offen lassen und die Pflanzen nach und nach der Frischluft aussetzen.

- **Damit die Pflanzen in der neuen Umgebung rasch wurzeln,** wählen wir zum Umpflanzen absteigende Zeichen und vermeiden insbesondere Wassermann und Zwillinge. Wichtig ist, die Wurzeln senkrecht in die feuchte Erde zu geben und nicht zu knicken.

- **Bis sich die ersten Blätter entwickeln,** muß der Boden ausreichend feucht gehalten werden.

Aus dem eigenen Garten frisch auf den Tisch

ARTISCHOCKEN

sind mehrjährige Stauden. Sie wirken stark entwässernd, appetitzügelnd, enthalten jede Menge Vitamin C und schmecken herrlich. Sie zu essen, ist eine kleine Zermonie und fördert das gemütliche Zusammensein bei Tisch. Es lohnt sich, es einmal mit ihnen zu versuchen.

Aussäen
März/April im Frühbeet oder am Zimmerfenster, auspflanzen erst nach den Eisheiligen.

- **Für das Keimen der Samen** zunehmender Mond, ideal drei Tage vor Vollmond
- oder über sich gehender Mond
- oder in einem Luftzeichen: Zwillinge, Wassermann, Waage.
- **Verpflanzen** bei absteigendem Mond, bevorzugt Waage.

Düngen
Vor dem Säen und Pflanzen den Boden mit organischen Stoffen bereiten:
- bei abnehmendem Mond, damit die Pflanzen kräftig wachsen.

Abdecken
mit Stroh, Laub, verrottetem Stallmist oder Fichtenzweigen vor Winterbeginn,
- am besten bei abnehmendem Mond im November.

Ernten
ab dem zweiten Jahr von Sommer bis Herbst:
- zunehmender Mond, ideal nahe Vollmond
- und/oder in den Luftzeichen Zwillinge, Wassermann, Waage.

Wichtig:
Nicht warten, bis die Artischocke violett blüht, sonst ist der Blütenboden hart.
Die Pflanzen können drei bis vier Jahre am gleichen Platz bleiben, dann ist es gut, zu wechseln.

EINFACH KÖSTLICH
als Vorspeise oder leichtes Abendbrot

Untere drei bis vier Blätter der Artischockenblüte entfernen, Stengel bis ca. 5 cm zur Blüte abschneiden, waschen, Artischocke und restliche geschälte Stengel in kochendes Wasser geben, das mit etwas Salz und Zitronensaft gewürzt wurde. Ca. 30 Minuten gar kochen. Aus dem Wasser nehmen, abtropfen lassen.
Genießen: Blatt für Blatt von der Blüte zupfen, das untere, fleischige Ende in reines, kaltgepreßtes Olivenöl tippen und aussaugen. Zum Schluß den Boden genießen. Dazu schmecken warme Brotscheiben.

AUBERGINEN (MELANZANI)
sind ein Gemüse, das aus Indien zu uns gekommen ist, in den Mittelmeerländern sehr beliebt ist, im Norden erst seit einigen Jahren kultiviert wird, aber an einem windgeschützten, sonnigen **Standort** problemlos wächst. Dieses Fruchtgemüse hat viele gute Eigenschaften: Es reinigt die Leber, putzt die Nieren, ist stark entwässernd, ist sehr gut für Haut- und Wundheilung.

Säen
ab Anfang März in Saatschalen, später in Töpfen im Frühbeet, im Folientunnel oder Gewächshaus.
- Zunehmender Mond in einem Feuerzeichen.

Auspflanzen
nach den Eisheiligen.
- Gleich nach Neumond.
- Absteigender Mond in den Feuerzeichen Löwe oder Schütze.

Pflegen
bis zur Fruchtbildung öfter mit Brennesseljauche düngen.
- Abnehmender Mond, 3. Quartal.

Ernten
ab Ende August.
- Zunehmender Mond.
- Aufsteigender Mond.
- In einem feurigen oder luftigen Zeichen.

MELANZANI DI FABIO

Eine mittelgroße Frucht reicht als Beilage für vier Personen. Melanzani in ca. $^1/_2$ cm dicke Scheiben schneiden. In einer beschichteten Pfanne 1 TL Olivenöl erhitzen, Melanzanischeiben darin auf beiden Seiten anbraten, indem Sie mit dem Rücken einer Gabel auf die Melanzani drücken, damit der Saft herausrinnt und die Früchte im eigenen Saft schmoren – so brauchen Sie fast kein Fett – herausnehmen und auf einem flachen Teller auflegen. Salzen, 1–2 Knoblauchzehen kleinschneiden, über die Melanzani streuen, ebenso 2 EL feingehackte Petersilie, zum Schluß hochwertiges, kaltgepreßtes Olivenöl, ca. 2–4 EL für die Scheiben einer mittelgroßen Melanzani, darüber gießen. Ziehen lassen. Zu angewärmtem Brot, gekochten Kartoffeln, trockenem Reis mit Parmesan, gebratenem Fleisch oder Fisch.

Lagern
am besten frisch aus dem Garten oder in Öl oder Essig eingelegt.

BLUMENKOHL (KARFIOL)
ist sehr anspruchsvoll. Er will in ein gut vorbereitetes Beet und braucht ausreichend Wasser und Nährstoffe. **Den Boden lockern und vorbereitend mit verrottetem Mist oder organischem Volldünger versorgen.**

- Ideal bei zunehmendem Mond, zweites Viertel.

Pflanzen und Aussäen
ins Freiland: Mitte–Ende April,
spätere Aussaaten ab Mai in das Freilandsaatbeet, **letzte Pflanzung** Mitte Juli.

- Säen bei zunehmendem Mond, nahe Vollmond.
- Pflanzen bei zunehmendem Mond,
- in einem absteigenden Zeichen.
- Reagiert von den Sternzeichen wie eine Blattpflanze, daher günstig bei Mond in einem Wasserzeichen: Ideal ist Krebs, weniger geeignet Skorpion. Alternativ ist auch ein luftiges Zeichen möglich: Mond in der Waage, oder sogar Mond im Löwen. Der Nachteil: die Pflanzen schießen in Blüte, noch bevor sie erntereif sind, der Ertrag ist niedriger, aber der Geschmack ist intensiv.
- Nicht in einem erdigen Zeichen säen oder pflanzen, da die Blume leichter fault.

Nachbarn
Blumenkohl mag Kartoffeln, Fenchel, Dill, Erdbeeren, Kohlrabi, Lauch, Tomaten, Mangold, Radieschen, Rote Rüben, Salbei, Spinat und Stangenbohnen. Er mag keinen Knoblauch, Schnittlauch und keine Zwiebeln.

Gießen, nähren und pflegen
- **Gießen,** auch bei zunehmendem Mond achten, daß die Pflanze ausreichend Flüssigkeit hat.
- **Nähren** bis sich Blütenknospen bilden, bei abnehmendem Mond und/oder in wäßrigen Zeichen: Mond im Krebs, Skorpion oder Fischen mit Brennesseljauche oder Beinwelljauche düngen.
- **Wenn die Blume faustgroß ist,** knicken Sie die äußeren Blätter nach innen, vor allem, wenn Ihr Beet intensiv vom Mondlicht beschienen ist.

Ernten
nach sieben bis acht Wochen, Juli/August bis Oktober.

- Wenn Sie den Blumenkohl **sofort essen,** ernten Sie bei zunehmendem Mond, in einem aufsteigenden Zeichen: Fische, Zwilling, Widder.

- Für die **Lagerung** luftige Zeichen zur Ernte wählen: bevorzugt Mond im Zwilling und in der Waage.

Nachkultur
Karotten oder Feldsalat. Das ist wichtig, weil Mischkultur ein gutes Mittel ist, die gefürchtete Kohlhernie zu vertreiben.

Blumenkohl für mehr Lebensfreude
Blumenkohl ist reich an Folsäure und enthält auch Vitamin K. Folsäure ist sehr wichtig für die Produktion unserer Glückshormone. Wenn sie fehlt, gibt es nicht mehr viel zu lachen, denn Folsäure garantiert Lebensfreude und gute Laune im Alltag. Sie stärkt aber auch die Leberfunktion, die gesamte Magen-Darmtätigkeit und ist gut für Wachstum und Gehirn.

BLUMENKOHL IST AUCH EINE SÜNDE WERT ...

Röschen in Salzwasser gut bißfest kochen, abtropfen lassen, mit Salz und schwarzem Pfeffer würzen, panieren: in Mehl, verquirltem Ei und Brösel wenden, in Fett herausbacken. Dazu lauwarmer Kartoffelsalat. Nicht am Abend, nicht an heißen Sommertagen, nicht während einer Diätphase und in der Krankenküche, nicht bei erhöhtem Herzinfarktrisiko.
Aber immer dann, wenn Sie bewußt sündigen wollen.
Alternative: Blumenkohl auf polnische Art zu Salzkartoffeln
Die ganze Rose im Salzwasser nicht zu weich kochen. Mit gerösteten Bröseln und brauner Butter anrichten.

BOHNEN ALLER ART UND FISOLEN

sind Hülsenfrüchte und als wertvolle Eiweißlieferanten für eine gesunde Ernährung unentbehrlich. Hülsenfrüchte sind eine Speicherkammer von Vitamin A und wertvollen Vitaminen des B-Komplexes. Es ist äußerst unsinnig, sich künstliche Vitamine in der Apotheke zu kaufen, wenn die Natur uns die Schlüssel für unsere Gesundheit in die Hand gibt.

Buschbohnen in Reihen bis Anfang Juli, direkt ins Freiland säen, ernten nach 8–10 Wochen;
Fisolen auch bis Anfang Juli in Reihen oder an Stangen ca. 5–6 Bohnen nicht zu tief in die Erde geben;
Stangenbohnen von Mitte Mai bis Ende Juni aussäen, die Entwicklungszeit ist etwas länger, sie sind kräftiger im Geschmack und ein dekorativer Anblick in jedem Garten; ab Ende Juli ernten. Stangen stecken bei abnehmendem Mond, je Stange 6–8 Bohnen, nicht zu tief in die Erde legen.

Aussäen
Die gute Phase
- ist der abnehmende Mond. Fisolen und Buschbohnen sollen nicht im zunehmenden Mond gesetzt werden, sie gehen dann zu sehr in die Höhe und setzen wenig Blüten an (Tirol), allerdings haben sie bei abnehmendem Mond eine ziemlich lange Keimzeit, besonders die Stangenbohnen.
- Eine Bauernregel aus Tirol sagt: Bohnen kurz vor Neumond im Zeichen Zwillinge legen.

Das richtige Zeichen
- Beste Erträge, wenn Bohnen in feurigen Zeichen Widder, Löwe, Schütze gesät, gepflegt und geerntet werden.
- Weniger Ertrag gibt es, wenn erdige Zeichen, Steinbock, Stier, Jungfrau für die Aussaat und Pflege genommen werden.
- Die gute Alternative: Aussaat bei Mond in der Waage.
- Warnung für Mond im Krebs: jetzt gelegte Stangenbohnen bringen wenig Ertrag und müssen gleich gegessen werden.

Drei guteTips für mehr Ertrag und eine frühere Ernte:
- Wenn sie mehr Bohnen wollen, dann ziehen Sie sie einfach vor: Im April, bei Mond im Stier bzw. Mond im Schützen und abnehmendem Mond füllen Sie Töpfe von 7 cm Durchmesser zu dreiviertel mit Kompost-Urgesteinsmehlgemisch. In jeden Topf legen Sie vier bis fünf Samen und füllen mit Kompostgemisch auf. Dann stellen Sie die Töpfe warm. Wenn sich Keime zeigen, geben Sie die Töpfe an ein helles, sonniges Fenster. Bis zu den Eisheiligen sind die Pflanzen 20 cm hoch. **Für das Auspflanzen** wählen Sie ein absteigendes Fruchtzeichen: Löwe oder Schütze – alternativ geht auch Waage.
- Oder sie überdecken das Beet mit den Buschbohnen während der Keimung mit einer Folie.
- Stangenbohnen bringen gut doppelt so viele Bohnen wie Buschbohnen.

Auf oder absteigender Mond?
- **Stangenbohnen:** Aussäen im aufsteigenden Mond, denn die Bohnen wachsen schneller. **Warnung:** Stangenbohnen, die im absteigenden Mond gepflanzt wurden, kriechen nur am Boden, ranken sich nicht nach oben und tragen kaum Früchte.
- Letzte Buschbohnenaussaat für die Oktoberernte im Juli: absteigender Mond, bevorzugt Löwe.

Sehr wichtig ist auch, die Bohnen nicht zu tief zu legen – max. 3 cm. Sie wollen die Glocken läuten hören, sagt ein Spruch und den sollten wir uns zu Herzen nehmen.

Nachbarn

Buschbohnen und Fisolen mögen: Dill, Kartoffeln, Erdbeeren, Gurken, Kohlrabi, Kopfsalat, Mangold, Tomaten, Radieschen, Salbei, Sellerie. Sie mögen nicht: Erbsen, Fenchel, Knoblauch, Lauch, Sellerie und Zwiebeln.

Stangenbohnen mögen: Endivien, Feldsalat, Gurken, Kapuzinerkresse, Kohl, Kohlrabi, Kopfsalat, Kresse, Radieschen, Salbei, Spinat, Zucchini und Zwiebeln.

Sie mögen nicht: Erbsen, Fenchel, Knoblauch, Lauch, Schnittlauch.

Nähren, pflegen, gießen

- Im allgemeinen gibt es bei Bohnen und Fisolen wenige Probleme mit Schädlingen.
- Sehr gute Erträge erhalten Sie, wenn Sie in feurigen Zeichen Widder, Löwe, Schütze gießen.
- Für die Gründüngung verwenden Sie am besten erdige Zeichen
- oder den absteigenden Mond.

Die Natur ist keine Einbahnstraße: Alles hängt mit allem zusammen.

Alle Leguminose, Bohnen, Erbsen, Linsen, Fisolen sammeln an ihren Wurzeln Stickstoff, der allen Nachbarpflanzen und den darauffolgenden Kulturen zugute kommt. Ein kleines Beispiel, wie sich sogar Pflanzen gegenseitig helfen.

Ernten

- Zum Frischessen bei zunehmendem Mond, in einem feurigen Zeichen, sehr gut ist Widder.
- Zum Konservieren bei abnehmendem Mond: Widder oder Zwillinge.

WIEDERENTDECKEN SIE DEN FISOLENSALAT

Fisolen gut aussuchen, über Nacht einweichen, ohne Salz mit einigen Lorbeerblättern im Einweichwasser weichkochen. Herausnehmen, abtropfen lassen. Salzen, eine Prise frischgemahlenen schwarzen Pfeffer, eine kleingeschnittene Zwiebel, Olivenöl, Weinessig und fertig. Etwas durchziehen lassen. Nachwürzen und noch lauwarm auf den Tisch bringen. Frische Fisolen schmecken beinahe süß und haben einen intensiven Geschmack. Eine Delikatesse zu Polenta mit Käse, die Sie unbedingt wiederentdecken sollten.

Das Mondlicht dringt einige Zentimeter in den Boden ein und erleichtert so die Keimung.

Reiche Ernte, wenn Mond, Mensch und Natur zusammenarbeiten.

ANTI-STRESS-MINESTRA

Damit Sie die Herausforderungen des täglichen Lebens leichter meistern:
Gießen Sie das Kochwasser für den Fisolensalat nicht weg, sondern verwenden Sie es mit ein paar zurückgehaltenen Bohnen für die abendliche Minestra. Geben Sie eine ganze Kartoffel, eine kleingeschnittene Karotte, Zwiebel und vorgeweichte Rollgerste dazu. Köcheln bis die Rollgerste weich ist (ca. 1 Stunde). Kartoffel herausnehmen, erst jetzt salzen, nach Bedarf mit Pfeffer abschmecken. Diese „Minestra" streichelt Ihre Magen- und Darmschleimhäute, liefert Eiweiß und polstert Ihre Nerven, ohne dick zu machen.
Geschwinde Alternative: statt Rollgerste Hafer- oder Hirseflocken verwenden (vorher anrösten).

Bitte beachten Sie:
Wenn Sie einen empfindlichen Magen haben und zu Blähungen neigen, essen Sie bei zunehmendem Mond nur wenige Hülsenfrüchte und wenn, achten Sie darauf, daß sie ausreichend gekocht sind. Zudem würzen Sie mit reichlich frischer Petersilie. Wenn Sie ganz sicher gehen wollen, bereiten Sie sich vor dem Essen einen kleinen **Kümmel- oder Fenchelaperitiv** zu: 1 EL Kümmelsamen in $^1/_4$ l Wasser aufkochen lassen, abkühlen, abseihen, in ein Aperitivglas füllen und schluckweise genießen.

BROKKOLI

ist auch eine Kohlart. Sie reagiert von der Mondkraft aber wie eine Blume. Wenn astrologisch Lichtimpulse aktiv sind, macht die Pflanze schöne feste Köpfe; Brokkoli, richtig geschnitten, ist sehr ergiebig. 6–8 Pflanzen reichen für eine mittlere Familie.

Beachten Sie: Brokkoli hat viele Tugenden: es sind vor allem die Vitamine A, B (Folsäure), K und die Bioflavonoide, die das grüne Gewächs so kostbar machen. Bioflavonoide sind vitaminähnliche Stoffe, die sehr günstig auf einen hohen Blutdruck und entgleiste Blutfettwerte wirken und die Widerstandsfähigkeit gegen Umwelt- und Wohngifte steigern.

Aussäen
im April in das Freilandsaatbeet.
- Bei zunehmendem Mond, knapp vor Vollmond
- und/oder Mond im Zwilling, in der Waage oder Wassermann. Brokkoli will als Blütenpflanze behandelt werden, daher in wäßrigen Zeichen säen. Die Pflanze legt ihre Kraft in das Blattwachstum, in feurigen Zeichen gibt es viele kleine Knospen.

- Ende Mai auf ein Beet auspflanzen, bei unter sich gehendem Mond: ideal Waage.

Nachbarn
Wie Kraut und Kohlarten.

Ernten
Brokkoli bildet zuerst eine Hauptblume. Wichtig ist, diese nicht zu tief abzuschneiden; aus den Blattachseln kommen immer wieder neue Triebe. Man kann ernten, bis die ersten Fröste kommen.
- Schneiden bei zunehmendem Mond
- oder bei über sich gehendem Mond (Steinbock bis Zwilling), denn das bewirkt schelleres erneutes Durchtreiben.

PIATTO UNICO AL DOTTORE
schnell, gut, gesund und leicht

Kochen Sie die Brokkoliröschen und Stengel 5–7 Min. in etwas Salzwasser nicht zu weich. Herausnehmen, abtropfen lassen. Geben Sie Suppeneinlage ihrer Wahl ins Kochwasser – al dente kochen (ca. 5 Min.). Die Suppe rasch in Portionen verteilen, Brokkoliröschen dazu und im Idealfall, einige TL frischen Ricotta in die heiße Suppe legen. Auch Gervais, Hüttenkäse (für Figurbewußte) oder anderer Weichkäse machen sich gut. Während sie den Teller auf den Tisch bringen, wärmt sich auch der Käse auf. Das Ganze schmeckt herrlich. Dazu paßt eine Art angewärmtes Pizzabrot mit Rosmarin.

CHICORÉE (BRÜSSLER SPITZEN)
Etwas Mühe für Frische und viel Vitamin C in der kalten Jahreszeit. Arbeit, die sich dann aber reichlich lohnt.
Bei diesem Gemüse kommt zuerst das Wachstum im Garten und dann das Treiben im Keller bei völliger Dunkelheit.

Aussäen
Mitte Mai.
- Abnehmender Mond – ideal: die ersten 7 Tage nach Vollmond.
- Blattage: Krebs, Skorpion, Fische.

Pflegen
- In erdigen Zeichen, bevorzugt Jungfrau, aber auch Steinbock und Stier, damit sich eine kräftige Wurzel entwickelt. Rüben mit 3–8 cm Durchschnitt bringen die schönsten Austriebe.

Ernten

- In luftigen Zeichen Ende Oktober/November bei abnehmendem Mond. Lassen Sie die Ernte eine Woche auf einem Haufen liegen, damit die in den Blättern enthaltenen Stoffe in die Rüben ziehen können. Dann die Blätter eine Daumenbreite über den Rüben abschneiden, in Erde eingeschlagen oder an einem frostfreien Ort lagern.

Austreiben

In ein Gefäß mit Abzugslöchern am Boden (Holzkiste, Eimer, Karton – vorher mit Folie auslegen, dann eine Handbreit Erde hineingeben und Wurzel an Wurzel daraufsetzen. Darüber nun wieder Erde geben, diese einschwemmen und zum Schluß die Rüben noch mit humusreicher Gartenerde abdecken. In einem dunklen Raum treiben sie bei einer idealen Temperatur: 10–15°.

Der ideale Zeitpunkt für diese Aktion ist

- der abnehmende Mond
- oder ein wäßriges Zeichen, bevorzugt bei absteigendem Mond, das sind Krebstage (für eine schnelle Ernte) oder Skorpiontage.

Ernten

In fünf Wochen bekommen Sie die leckeren und erfrischenden weißen Zapfen auf den Tisch.

- Ideal ist die Ernte bei Mond in den Fischen (wäßriges, aufsteigendes Zeichen) bei zunehmendem Mond.

KNACKIGE FRISCHE IM DEZEMBER

Es wäre jammerschade, die frischen Chicoréeblätter gleich zu verkochen. Genießen Sie das angenehme Krach- und Kaugefühl der frischen Blätter. Tippen Sie sie in eine Kräutersauce aus frischgehackten Kräutern, kaltgepreßtem Olivenöl und Weinessig.
Es ist nicht nötig, den bitteren Kegel am unteren Ende herauszuschneiden. Diese Bitterstoffe tun wirksame Dienste beim Fettabbau und der Eiweißaufspaltung. Sie ersetzen jeden Verdauungslikör.

CHINAKOHL

ist ein praktisches Herbst- und Wintergemüse. Manche mögen ihn lieber, wenn er wie Wirsing zubereitet wird, manche schätzen ihn als Salat. Vor allem aber sichert er auch im Herbst, wenn wir dazu neigen, wieder fetter und süßer zu kochen, unsere Fitness. 100 g Chinakohl enthalten nur winzige 16 leichtverdauliche Kalorien, ist reich an wichtigen Ballaststoffen und Vitaminen. 40 mg Vitamin C sind allein in 100 g.

Aussäen
Zweite Julihälfte bis Mitte August. Bei früherer Saat schießt er schnell oder die Köpfe bleiben zu klein. Chinakohl braucht relativ lange zum Anwachsen und mag nicht gern verpflanzt werden.
- Abnehmender Mond, erste Woche nach Vollmond
- oder in den Wasserzeichen Krebs, Skorpion und Fische.
- Wenn Sie zuerst auf ein Saatbeet säen, erst in der zweiten Augusthälfte umpflanzen – in den absteigenden Zeichen Krebs oder Skorpion.

Pflegen
- Auf gleichbleibende Bodenfeuchtigkeit achten. Gießen bevorzugt in wäßrigen Zeichen: Krebs, Skorpion, Fische.
- Gegen Erdflöhe bei abnehmendem Mond in wäßrigen Zeichen Pflanzen und Erde mit Rainfarntee oder Wermuttee besprühen; bei abnehmendem oder im absteigenden Mond etwas Holzasche auf die Erde streuen. Es hilft auch, an diesen Tagen ausgelaugte Teesäcke von russischem Tee in die Erde zu geben.

Ernten
Ab Oktober bis ins nächste Frühjahr hinein. Temperaturen bis –5° C verträgt er locker.
- Zunehmender Mond,
- aufsteigender Mond,
- wäßrige oder luftige Zeichen: Fische, Zwillinge.

Vor- und Nachkultur
Chinakohl fühlt sich wohl nach Bohnen oder Erbsen und bildet eine gute Vorkultur für Salate.

CHINAKOHL PASST ZU

Äpfeln, geraspelten Karotten, Paprikastreifchen, Orangen und Ananasstückchen, zu rohem Blumenkohl, Tomaten und Zwiebeln. Man kann ihn vielfältig würzen. Z. B.: heimisch traditionell mit Zwiebeln, Kümmel oder gerösteten Speckwürfeln; ungarisch mit Paprika; fernöstlich mit Curry, Ingwer, Pfeffer, Knoblauch oder süßsauer mit Sojasauce, braunem Zucker und Zitronensaft. Man kann ihn als Salat und als feines Gemüse bereiten.

CHINAKOHL WARM IN KÄSESAUCE
für vier Personen

1 Chinakohl ca. 1 kg, 1 große Zwiebel, 2 TL Butter, 200 g Frischkäse, Salz, frisch geriebener Pfeffer, 1 TL Zitronensaft, Petersilie zum Würzen.
Chinakohl putzen, halbieren, in Streifen schneiden, Zwiebel schälen, klein schneiden, Petersilie fein hacken. Butter zerlassen, Zwiebel glasig werden lassen, Chinakohl dazugeben, unter Rühren zusammenfallen lassen, ca. 5 Min., Frischkäse unterrühren, mit Salz, Pfeffer und Zitronensaft abschmecken, fein gehackte Petersilie dazu. Rasch servieren und essen. Dazu passen gekochte Kartoffeln oder ein feines Püree. Wer es fleischlich liebt, Kasseler mit Wein.

ERBSEN

behandeln Sie vom Mond her gesehen wie Bohnen und Fisolen (s. Seite 56ff).

Aussäen

ab Mitte April in 3 cm tiefe Rillen legen – Abstand in der Reihe ca. 3 cm.

- Bei abnehmenden Mond, sonst blühen sie, ohne Hülsenfrüchte anzusetzen, oder bei absteigendem Mond oder in einem Feuerzeichen: Widder, Löwe, Schütze.
- Auch Erbsen klettern auf einem Maschendrahtgeflecht von ca. 1 m Höhe. Wenn Sie es benützen, säen Sie auf beiden Seiten.

Pflegen

- Erbsen wollen problemlos wachsen.
- Beste Erträge gibt es, wenn sie in einem Feuerzeichen (Frucht- und Samentage) gepflegt und geerntet werden: Mond im Widder, im Zwilling, im Löwen, im Schützen.
- Für die Gründüngung ein Erdzeichen (Wurzeltage) Steinbock, Stier, Jungfrau wählen.
- Was sie nicht ausstehen können, ist zu viel Stickstoff und Jauche, daher bitte maßhalten.

Ernten

Erntezeit ist von Juni bis September

- wenn die Schoten prall gefüllt, aber noch grün sind.
- Besonders intensiver Geschmack, wenn sie unmittelbar vor Vollmond geerntet werden.

- Die feurigen Zeichen Widder, Löwe, Schütze versprechen einen guten Ertrag.

Nachbarn
Erbsen mögen Fenchel, Gurken, Karotten, Kohl, Kohlrabi, Kopfsalat, Mais, Radieschen, Spinat und Zucchini. Sie mögen keine Buschbohnen, keine Stangenbohnen, Kartoffeln, Knoblauch, Lauch, Tomaten, Schnittlauch und Zwiebeln.

HIMMLISCH

Frische Erbsen aus dem eigenen Garten sind ein Non plus ultra. Vom Vitamingehalt und geschmacklich. Nur leicht in Salzwasser kochen, mit einem Hauch frischer Butter abschmecken, zu einem feinen Püree reichen. Ein himmlischer Genuß, der viele Vitamine des B-Komplexes und eine satte Dosis Vitamin C miteinschließt.

FENCHELGEMÜSE
ist eine uralte Heilpflanze; die Italiener lieben sie heiß, obwohl sie bei uns bis vor wenigen Jahren nicht geschätzt wurde. Das Gemüse hat kein Problem auch in nördlichen Gegenden zu wachsen. Es ist sehr leicht verdaulich, streichelt die Magenschleimhäute, denn es enthält das ätherische Öl Anethol.

Boden
Fenchel braucht einen lockeren, gutgedüngten Boden, ausreichend Stickstoff und Wasser sind günstig für die Knollenbildung.
Er eignet sich **als Nachkultur** von Kopfsalat, Rettich, Blumenkohl.

Säen
nach Johannis bis Mitte Juli, die Pflänzchen nach dem Aufgehen auf 25 cm verziehen.

- Zunehmender Mond.
- Ein wäßriges Zeichen Krebs, Skorpion, Fische.
- Über sich gehender Mond.

Nachbarn
Fenchel mag Erbsen, Gurken, Salate aller Art. Bohnen und Tomaten kann er nicht ausstehen.

Pflegen

- Vorsicht, ist schneckengefährdet, daher rechtzeitig Maßnahmen ergreifen. Siehe Seite 60ff.
- Fenchel braucht ausreichend Flüssigkeit.
- Im September mit Erde anhäufeln, damit die Knollen weiß bleiben – an Aussaattagen.
- Fenchel verträgt Nachtfröste bis zu –3° C. Wenn es noch kälter wird, Knollen bei abnehmendem Mond, oder in Jungfrau, Waage mit Laub abdecken.

Ernten

Ende Oktober, Anfang November, Wurzeln und Außenblätter um die Hälfte kürzen.

- Bei abnehmendem Mond.
- In einem luftigen Zeichen oder einem Feuerzeichen.
- Bei aufsteigendem Mond.

FENCHEL, DIE LECKERE ROHKOST

Bei uns kennt man Fenchel fast nur gedünstet. Aber essen Sie ihn ganz fein gehobelt als Rohkost, mit etwas Olivenöl und Zitrone beträufelt. Ihr Magen jubelt.

GURKEN

sind empfindliche Geschöpfe. Sie brauchen Nährstoffe und ein gut vorbereitetes Beet mit verrottetem Stallmist oder Kompost. Sie mögen einen luftigen, aber windgeschützten Standort, darum ist es ideal, sie z. B. vor Stangenbohnen, Buschbohnen oder Erbsen zu pflanzen.

Aussäen

Kerne in einem Abstand von 3–5 cm in eine Saatrinne geben. Auch Gurken ranken, wenn Sie ihnen ein Spalier machen. Dann säen Sie versetzt zu beiden Seiten. Gurken gedeihen auch auf dem angesetzten Misthaufen.

- Ins Freiland nach den Eisheiligen, bei zunehmendem Mond
- und/oder in einem Feuerzeichen: Widder, Löwe oder Schütze;
- oder im über sich gehenden Mond.
- Mond im Krebs garantiert rasches Wachstum, aber die Gurken müssen gleich gegessen werden.

Nachbarn

Gurken mögen Basilikum, Buschbohnen, Dill, Erbsen, Fenchel, Kohl,

Kohlrabi, Kopfsalat, Mais, Rote Rüben, Sellerie, Sonnenblumen, Spinat, Zwiebeln. Sie mögen nicht Kartoffeln, Tomaten, Radieschen, Salbei.

Pflegen, gießen, nähren

- Nicht zu dicht pflanzen.
- Wachstumsfördernd wirkt Brennesseljauche – bei abnehmendem Mond, ideal in einem Feuerzeichen Widder, Löwe, Schütze.
- Vorbeugend gegen Pilzbefall bei abnehmendem Mond, wenn möglich an einem Fruchttag: Widder, Löwe, Schütze: alternativ Waage oder Zwilling mit Schachtelhalmtee besprühen.
- Gurken mögen es feucht und warm, daher Gießkanne bereit halten und öfters – auch untertags und unabhängig vom Mondstand mit sonnenerwärmtem Wasser überbrausen.
- In rauhen Gegenden braucht üppiges Wachstum einen Folientunnel oder ein Vlies.

Ernten

- Am besten schmecken Gurken bei zunehmendem Mond, wenn sie direkt vom Garten auf den Tisch kommen.
- Zum Konservieren – nur kleine Früchte nehmen. Ideal sind Fruchttage: Widder, Löwe, Schütze bei abnehmendem Mond.

GÜRKCHEN, NICHT GURKEN …

Gurken schmecken am besten, solange sie klein sind (nicht länger als 10 cm, ein Durchmesser von ca. 3 cm). Kleine Gurken bestehen hauptsächlich aus Fruchtfleisch und haben fast keine Kerne. So sind sie zwar nicht ergiebig, aber der Genuß macht die Menge wett. Erst vor dem Essen schälen, hauchdünne Scheiben schneiden, am Tisch salzen, mit etwas Olivenöl und Weinessig abschmecken. Mehr wäre schade um den zarten Geschmack. Zu Käse und Brot, einem Butterbrot, zusammen vielleicht mit einem Tomatensalat oder einem grünen Salat ist das ein einfaches, delikates Abendessen. Auch für empfindliche Mägen sind zarte Gürkchen leicht verdaulich. ***Wichtig ist: gut kauen, besonders bei zunehmendem Mond.*** *Kräuter, die mit Gurken harmonieren sind Dill, Zitronenmelisse und Thymian.*

KAROTTEN

wollen einen tiefgelockerten, feuchten Boden, aber keine frische Düngung, denn sie zieht Schädlinge an und schadet ihrem Geschmack. Sie brauchen außerdem einen luftigen Standort.

Aussäen
Im März für die Sommerernte, Ende Juni für die Herbsternte.

- Abnehmender Mond.
- In den Erdzeichen Steinbock, Stier oder Jungfrau gesät, gedeihen Karotten optimal in Form, Ertrag und Qualität; wenn die Samen hingegen in wäßrigen Zeichen, z. B. Krebs, Fisch und Skorpion in die Erde kommen, neigen sie zur Wurzelverzweigung. Die gute Alternative: Mond in der Waage.
- Oder ein absteigendes Zeichen. Warnung für den aufsteigenden Mond: gelbe Rüben jetzt gesät, bilden üppiges Kraut, aber keine Wurzeln.

Tip: Karotten haben eine langsame Keimdauer. Beigemischte Dillsamen fördern die raschere Keimung. Gut ist auch, etwas Radieschen- oder Salatsamen beizumengen, um die Reihen zu markieren, damit Sie den Boden dazwischen lockern können.

Nachbarn
Karotten mögen Dill, Erbsen, Knoblauch, Lauch, Mangold, Tomaten, Radieschen, Salbei, Schnittlauch, Zwiebeln. Alle anderen sind ihnen egal.

Gute Zusammenarbeit
Eine besondere Freundschaft besteht zu Lauch und Zwiebel, denn beide wehren ihr die Karottenfliege ab. Die Karotte revanchiert sich, indem sie Porree und Zwiebel die Lauchfliege vom Leib hält.

Pflegen, gießen, nähren

- Karotten möglichst bald ausdichten, damit sie gerade wachsen können. Ideal ist Mond in der Jungfrau, alternativ Waage.
- Boden lockern bei abnehmendem Mond, wenn möglich in erdigen Zeichen, alternativ Waage. **Wichtig:** Es ist nicht immer der falsche Mondstand, wenn Karotten verkrüppelt wachsen. Es geschieht auch, wenn der Boden fest und steinig ist!
- Gleichmäßig feucht halten.
- Dünn mulchen bei abnehmendem Mond oder bei absteigendem Mond (Krebs bis Schütze), damit die Nährstoffe gut in die Erde ziehen.
- Gegen Schädlinge mit guten Nachbarn zusammen pflanzen; wenn Schädlinge aufgetreten sind, eignen sich als Nachfolger Tagetes. Wichtig ist, daß möglichst drei Jahre keine Karotten mehr auf das Beet kommen.

Ernten

- Bei abnehmendem Mond; ernten Sie die Karotten nicht zu früh, denn sie enthalten noch unreifes Eiweiß und der Zucker kann erst spät gebildet werden.

- Ideal ist Mond im Stier oder ein anderes Erdzeichen.
- **Warnung:** in wäßrigen Zeichen geerntete Karotten faulen leicht.
- Lassen Sie die Lagersorten ruhig bis zu den ersten Frösten im Beet.

Als **Nachkultur** eignen sich Spinat und Feldsalat.

KAROTTEN
Die geniale Erfindung von Mutter Natur

Das wunderschöne Orange der Karotte ist nichts anderes als ein kompliziertes Abwehrsystem der Pflanze aus Karotin-Molekülen, das die Zellen vor feindlichen Mikroorganismen und zerstörerischen Prozessen schützen soll. Bei Menschen ist es nicht anders. Auch hier suchen Freie Radikale gierig in die Brennöfen der Zellen einzudringen, sich ein Elektron zu schnappen und es zu fressen. Auch uns schützen die Karotine. Karotine sind fetthaltige Farbstoffe, Provitamine, die der Körper in Vitamin A umwandelt. Vitamin A läßt an unserem Immunsystem Viren, Bakterien und Krankheitserreger abprallen, sorgt dafür, daß die weißen Blutkörperchen, die Polizisten unseres Immunsystems, wieder wachsen, ist der beste Freund unserer Schleimhäute, erhöht die Sehfähigkeit, hält die Körperzellen jung und geschmeidig, verhindert das Ergrauen der Haare und schenkt uns eine straffe Haut. ***Aber beachten Sie:*** *Der wunderbare Farbstoff ist in den Karotten so fest in das Fasersystem der Pflanze eingepackt, daß unser Körper ca. 50 Prozent der Karotine überhaupt nicht in Vitamin A umwandelt. Daher* ***wichtig:*** *vor allem die* ***Karotten gut dünsten,*** *in rohem Zustand immer* ***fein raspeln*** *und auch den Saft* ***immer mit etwas Öl oder Sahne genießen.*** *Nur so können uns ihre wertvollen Karotine helfen.*

KARTOFFELN

Niemand muß heute mehr Kartoffeln anbauen – es gibt sie rund um das Jahr in ausreichender Menge im Supermarkt. Aber frisch vom Garten auf den Tisch, das macht immer noch einen gewaltigen Unterschied, meinen Feinspitze und opfern ihnen nur allzu gerne ein Stück wertvollen Gartens.

Boden

Kartoffeln wollen einen nahrhaften, aber nicht frisch gedüngten Boden. Sie wachsen am gesündesten und besten, wenn die Flächen im Herbst mit reifem Kompost gedüngt worden sind. Kartoffeln bauen einen Nährstoffüberschuß im Boden ab, halten Unkraut fern und hinterlassen einen gutgelockerten Boden.

Setzen

Furchen in einem Abstand von 80 cm ziehen. Mit Kompost ausstreuen, Steinmehl oder Holzasche darüber und Kartoffeln mit den Keimen nach oben legen. Nur mit ca. 10 cm Erde bedecken.

- Erntekartoffeln kurz nach Vollmond legen, in jedem Fall abnehmender Mond und nicht vor dem Maienstier, d. h. wenn der Mond im Mai vor dem Zeichen Stier steht.
- In einem Erdzeichen Steinbock, Stier oder Jungfrau. Kartoffeln sind keine Wurzelfrüchte, aber Wachstum und Ertrag reagieren astrologisch eindeutig positiv auf Erdzeichen (Wurzeltage).
- Oder bei absteigendem Mond (Krebs bis Schütze) nachmittags. Nicht im aufsteigendem Mond. Wer sich an diese Mondregel hält, legt Kartoffeln nur bei Mond in Jungfrau!
- **Warnungen:** Kartoffeln nie in Krebs oder Skorpion legen, sie wachsen nicht und faulen rasch. Nie im zunehmenden und über sich gehenden (aufsteigenden) Mond, die Kartoffeln wachsen nicht in die Tiefe. Übersieht der Landwirt diese Regel und erwischt gar den zunehmenden Mond, so kann er häufeln wie er will, sie kommen doch immer wieder an die Oberfläche (Tirol).
- **Saatkartoffeln:** Nur die mittleren Augen von der Knolle ausschneiden und stecken, kurz vor Neumond, ideal, wenn Sonne und Mond vor Widder stehen. In 10 cm Abstand und nicht mit mehr Abstand pflanzen, weil die Knollen sonst zu groß werden.

Nachbarn und Freunde

Kartoffeln mögen Buschbohnen, Kapuzinerkresse, Knoblauch, Kohl, Kopfsalat, Mais und Spinat. Nicht ausstehen können sie Erbsen, Gurken, Tomaten, Sellerie und Sonnenblumen. Hingegen, wenn Sie Ringelblumen und Tagetes in der Nähe Ihres Kartoffelbeetes pflanzen, können Sie die lästigen Fadenwürmer (Nematoden) vergessen!

Häufeln, hacken, pflegen

- Meiden Sie alle triebigen Dünger mit hohem Stickstoffanteil.
- Beste Ergebnisse erhalten Sie, wenn Sie in einem Erdzeichen (Wurzeltage): Steinbock, Stier, Jungfrau pflanzen, hacken und mit einem Kieselpräparat spritzen.
- Erstes Unkraut entfernen, wenn die ersten Keime erscheinen: ca. 2–5 Wochen, ideal nahe Neumond, sonst ebenfalls an einem Erdzeichen.
- Wenn das Kartoffelkraut ca. 10–15 cm hoch ist, erstmals hacken und anschließend die Erde anhäufeln, sehr gut in einem Erdzeichen, alternativ Waage.
- Bis zur Blüte fördern gelegentliche Düngungen bei abnehmendem Mond – ideal in einem Erdzeichen: Stier, Steinbock, Jungfrau mit

Brennesseljauche das Wachstum; alternativ können Sie dafür auch Feuerzeichen wählen: Widder, Löwe, Schütze.

- Ab der Blüte reichlich gießen: in Erd- (Wurzel-) und Feuer- (Frucht- und Samen-)zeichen.
- Gegen Schädlinge und Pilze eignet sich Schachtelhalmbrühe bei abnehmendem Mond und/oder an Wurzeltagen.
- Kartoffelkäfer bei Neumond absammeln und Pflanzen mit Steinmehl stäuben.
- Bei übermäßigem Krautwuchs mähen Sie das Kraut nicht ab, besser es mit einem Kieselpräparat einmal nachmittags in feurigen Zeichen spritzen.

Ernten und lagern

Frühkartoffeln sind reif, wenn sich die Haut nicht mehr abrubbeln läßt, das ist ca. Ende Juli. Sie können Sie nach Bedarf graben.

Spätkartoffeln ernten Sie, wenn das Kraut abgestorben ist.

- Bei abnehmendem Mond
- oder in einem Erdzeichen bei absteigendem Mond, die Knollen schrumpfen dann nicht.
- Wäßrige Zeichen wie Krebs, Skorpion, Fische vermeiden, denn die Früchte faulen leicht.
- Wenn Sie die Kartoffeln im über sich gehenden Mond einlagern, runzeln sie nicht, aber faulen leichter.
- Saatkartoffeln nach der Ernte mit etwas Holzasche überpudern, damit sie gesund bleiben.

KARTOFFELN GEHÖREN NICHT IN DEN KELLER …

Haben Sie gewußt, wie gesund Kartoffeln sind? Sie sind eine Fundgrube wertvollster Biostoffe: Kalium, Kalzium, Magnesium, Mangan, Eisen, Phosphor, Schwefel, dazu Vitamine des B-Komplexes und Vitamin C. Kalium befreit unsere Gewebe von ungesunden Wasseransammlungen, daher wirken Kartoffeln auch entwässernd. Über Ihren Magnesiumgehalt freuen sich Herz und Nervenkostüm. Sie liefern eine tolle Energie, machen jung und beschwingt und beugen Erschöpfungszuständen vor. Gekochte Kartoffeln am Abend entspannen und lassen Sie leicht einschlafen.
Neue Kartoffeln schmecken am besten in der Schale gekocht. Reichen Sie dazu Butter, Salz, Weichkäse, Topfen mit frischen Kräutern und nach Bedarf ein Glas frische Milch. Oder Kartoffeln in der Schale im Rohr gebacken mit Kümmel, Rosmarin oder Kräuterbutter zu Fleisch oder Gemüse.

KOHLRABI

gehören in eine gesunde Küche mit viel Gemüse. Sie sind besonders reich an Vitamin C und Ballaststoffen. Diese tun wertvolle Dienste, sie rubbeln Ihre Magen- und Darmschleimhäute und Ihre Verdauung stimmt.

Aussäen und Pflanzen

Frühe Sorten im März unter Glas, im April/Mai umpflanzen.
Späte Sorten im April /Mai ins Freiland säen, Mitte Mai bis Ende Juli umpflanzen.
Blaue Sorten wachsen langsamer, bleiben aber länger zart.

Säen

- Im ersten Viertel des zunehmenden Mondes.
- Wäßrige Zeichen Krebs, Skorpion, Fische liefern die höchsten Erträge und schöne flachrunde Früchte. Feurige Zeichen sind weniger günstig.
- **Warnung** für die Erdzeichen Steinbock, Stier, Jungfrau. Die Früchte werden unförmig, sie verholzen und bekommen einen strengen Geschmack.

Pflanzen

- Bei absteigendem Mond an Skorpiontagen. So mancher Gärtner schwört auf beste Qualität bei Aussaat an diesen Tagen, weil er dann keinen Ausfall durch Schosser und Platzer, dazu beste Knollenform und Farbe beobachtet.

Nachbarn

Kohlrabi mögen Salate, Buschbohnen, Stangenbohnen, Erbsen, Gurken, Kartoffeln, Mais, Tomaten, Radieschen, Sellerie. Nur den Geruch von Knoblauch halten sie nicht aus.

Pflegen

- Während der Wachstumszeit mit Brennesseljauche düngen: bei abnehmendem Mond, in wäßrigen Zeichen, alternativ Feuerzeichen: Widder, Löwe, Schütze.

Ernten

frühe Sorten Juni/Juli sind nur zum Frischessen geeignet.

- Am saftigsten sind die Früchte an Blattagen (wäßrige Zeichen) bei zunehmendem Mond.
- Späte Sorten bis September bei abnehmendem Mond in einem Feuerzeichen: Widder, Löwe, Schütze.

Lagern

Wenn Sie die Früchte längere Zeit im kühlen Lager aufbewahren wollen,

- wählen Sie für die Ernte den abnehmenden Mond und ein luftiges Zeichen: Zwillinge, Waage (optimal) oder Wassermann.

Vorgänger und Nachfolger
Gut als Folgekultur von Erbsen und Salaten.

KOHLRABI MIT KAROTTEN
Ihre tägliche Frischkostportion

Für zwei Personen.
2 Kohlrabi, 3 mittelgroße Karotten, 3 EL frische Sahne, 1 EL gemahlene Nüsse, Petersilie zum Bestreuen.
Kohlrabi und Karotten fein reiben. Sahne und feingeriebene Nüsse vorsichtig darunter mischen (2 Gabeln verwenden). Mit etwas sehr fein gewiegter Petersilie bestreuen. Zu Kartoffeln, Hirse oder einer Scheibe angewärmtem Vollkornbrot.

KNOBLAUCH

ist eine Heilpflanze und tut dem Körper eine Menge Gutes: er wirkt wie natürliches Penicillin und stärkt die Abwehr, ist blutdrucksenkend, gefäßreinigend, magenstärkend, gallebildend, dazu liebes- und nervenanregend.

Boden
Knoblauch mag es sonnig und warm und liebt einen leichten, nicht frisch gedüngten Boden.

Anbauen
entweder im März oder schon im Oktober.
Der Herbstanbau ist besser als der Frühjahrsanbau, aber nur in südlichen Gegenden möglich: Für den Herbstanbau ideal sind Oktobertage, wenn die Sonne vor Jungfrau steht.

So wird es gemacht
Von schönen Knoblauchzwiebeln nehmen Sie die äußeren ab und stecken sie in einem Abstand 15 x 15 ca. 5 cm tief in den Boden.
- Wählen Sie den abnehmenden Mond.
- Knoblauch ist eigentlich eine Blattpflanze, reagiert aber wie die Zwiebel positiv auf Erdzeichen (Wurzeltage): Steinbock, Stier, Jungfrau.
- Als besonders gut gilt Jungfrau, weil der Mond absteigt.
- Mond im Skorpion ist für das Wachstum von Knoblauch sehr ungünstig.

Nachbarn
Knoblauch mag Erdbeeren, Gurken, Karotten, Mangold, Tomaten, Rote Rüben und Rosen. Er mag keine Erbsen, keine Kohlgewächse und Bohnen aller Art.

So hilft er anderen
Sträucher mit Beeren, Gurken, Karotten, Obstbäume, Salat, Schwarzwurzeln, Tomaten und Erdbeeren bewahrt er vor Pilzkrankheiten und hält ihnen die Mäuse vom Leib.

Pflegen
- Bei abnehmendem Mond.
- Ideal in Erdzeichen – es gibt beste Erträge und lange Haltbarkeit.
- Den Boden nur flach – höchstens 3 cm lockern.

Ernten
Ab Juli, wenn das Laub dürr wird, an einem sonnigen Tag abnehmen und noch ein bis zwei Tage im Freien liegen lassen.
- Um Vollmond, einige Tage liegen lassen.
- Zu Zöpfen flechten und an einem luftigen Ort – bei abnehmendem Mond und/oder in einem luftigen Zeichen wie Zwilling, Waage, Wassermann aufhängen. So vertreibt er auch die bösen Geister im Haus und schützt vor zerstörerischen Gedanken.

KNOBLAUCHSUPPE AUS TIROL
hält Leib und Seele zusammen

Für zwei Personen.
3 Zehen Knoblauch 1 TL Butter, ½ EL Weizenvollmehl, ca. ½ l Milch, Salz, frischgemahlener Pfeffer, 3 EL Süßrahm, geröstete Brotwürfel, Schnittlauch.
Mehl in Butter anschwitzen, mit Milch aufgießen, rühren, aufkochen lassen, Knoblauch hineinpressen. Salzen und pfeffern, mit Rahm abschmecken, geröstete Brotwürfel dazu, mit Schnittlauch verzieren und rasch servieren.

Sparen Sie nicht mit Knoblauch zu Salaten, Gemüsen, Saucen und Brot!

KOPFKOHL UND KRAUTSORTEN
Dahinter verbergen sich Weißkohl, Rotkohl und Wirsingkohl, die heute sehr zu unrecht nicht mehr dieselbe Bedeutung haben wie früher, als das

Gemüseangebot gerade in rauhen Gegenden nicht viel mehr umfaßte, als eben Kraut und Rüben.

Standort
Alle Kohlarten brauchen einen nährstoffreichen, tiefgelockerten Boden. Versorgen Sie das Beet mit gut verrottetem Mist oder organischem Volldünger.

Säen und Anzüchten
Aussaat im Frühbeetkasten ab April; Grünkohl kann noch Anfang August direkt auf das Beet (20 cm voneinander entfernte Reihen) ausgesät werden.

Pflanzen
Ab Mai Setzlinge im Reihenabstand von 50 cm und innerhalb der Reihe im Abstand von 40 cm pflanzen.
- Pflänzchen vor dem Umpflanzen gründlich wässern.
- Zum Schutz vor Kohlhernie die Pflanzlöcher dünn mit Algenkalk ausstreuen.
- Nach dem Pflanzen mit Regenwasser, abgestandenem Leitungswasser oder Brennesseljauche angießen.

Wichtig: Späte Kohlarten, die in der zweiten Jahreshälfte angebaut werden, brauchen nicht mehr so viele Nährstoffe wie die frühen Sorten.
- Eine weitverbreitete Regel sagt, daß man Kohl in den ersten sieben Tagen des abnehmenden Mondes säen und pflanzen soll, weil der zunehmende oder volle Mond die Samen aus der Erde zieht.
- Zum Säen und Pflanzen ideal gelten die Wasserzeichen Krebs, Skorpion oder Fische.
- Alternativ kann der absteigende Mond gewählt werden. Mond in Skorpion wäre demnach sehr günstig für das Säen und Setzen aller Kohlarten.

Nachbarn und Freunde
Der beste Freund aller Kohlköpfe ist die Sellerie, weil sie ihnen die Kohlweißlinge fernhält. Dafür schützt sie der Kohl vor Sellerierost. Dill stärkt die Widerstandsfähigkeit. Kraut mag zudem gerne Bohnen aller Art, Salate, Gurken, Lauch, Mangold, Spinat, Tomaten; die Kohlsorten mögen aber keinen Knoblauch, Schnittlauch und keine Zwiebeln.

Pflegen
Während der Wachstumsphase mit Brennessel- oder Beinwelljauche düngen,
- Bei abnehmendem Mond.

Blumen sind wie empfindliche Prinzessinnen. Neben dem richtigen Mond brauchen sie viel Liebe.

Köstliche Pracht. Das Mondlicht bestimmt die Wachstumsgeschwindigkeit und den Zuckergehalt.

- In den Wasserzeichen Krebs, Skorpion, Fische. An diesen Tagen auch hacken und alle andere Pflege machen.
- Spezieller Tip: wenn Sie das Gemüse lange lagern wollen, wählen Sie für die letzte Düngung und für das letzte Hacken vor der Ernte ein luftiges Zeichen, ideal bei abnehmendem Mond: Zwilling, Waage, Wassermann.
- Wenn sich die Köpfe zu bilden beginnen, ist es wichtig, die Düngung einzustellen, denn sonst verliert der Kohl an Geschmack und stinkt im Kochtopf.

Ernten

- Für Lagerkohl abnehmender Mond und ein luftiges Zeichen: Zwilling, Waage, Wassermann, ebenso für Köpfe, aus denen Sie Sauerkraut machen – wenn Sie das Gemüse nicht rasch verarbeiten.

Nachfolger auf dem Krautbeet: Kohlarten sind Starkzehrer: Als Kultur danach eignen sich Salate und Spinat.

Kraut einhobeln, einbeizen und einmachen

Für Sauerkraut nimmt man Weißkohl, obwohl Sie es auch mit anderen Kohlarten z. B. Blaukraut, Wirsing probieren können. Ideal sind späte Sorten. Die Zeit für die Herstellung von Sauerkraut ist September–Oktober.

- Zunehmender Mond in den Zeichen Steinbock, Waage oder Schütze, weil es jetzt fest Wasser zieht. Zellsaft und Luft entweichen leicht und das Kraut wird schön mürbe; in Kärnten hingegen wird Sauerkraut bei abnehmendem Mond geerntet und eingeschnitten – wegen der Haltbarkeit.
- **Warnung:** Kraut nicht im Zeichen Löwe einmachen, es zieht kein Wasser. Wäßrige Zeichen sind aber auch nicht ideal, weil wie bei frühem Gemüse das Kraut zu weich wird und weniger lange hält.

Selbst gemachtes Sauerkraut ist keine Hexerei

Zutaten für den 5 l Gärtopf: 5 kg Weißkraut, 4 dag Meersalz oder 2 dag Steinsalz; weitere Gewürze nach Gusto und Geschmack: einige Wacholderbeeren (entwässernd), etwas Kümmel (gegen Blähungen), 2 cm in Scheibchen geschnittener Meerrettich (macht das Kraut würzig), ca. 3 saure, in Scheiben geschnittene Äpfel (sie verfeinern), einige süße Trauben (geben einen feinen Weingeschmack).

So wird es gemacht:

Gärgefäß ohne Putzmittel mit heißem Wasser ausspülen, dann trocknen. Kraut putzen, einige große Blätter aufheben; ganz fein schneiden, besser hobeln, eine Schicht in das Gärgefäß legen, würzen, einstampfen, bis der

Zellsaft herausrinnt, wieder eine Schichte Kraut daraufgeben, würzen, stampfen, bis alles fertig ist. Zum Schluß mit den großen Krautblättern abdecken; den Topf mit Stein und Deckel verschließen. Bei ca. 16–18 Grad gären lassen. Die Gärung ist nach ca. 2–3 Wochen abgeschlossen. Danach an einem kühleren Ort lagern.

ENERGIEBOMBE SAUERKRAUT

„Besser a Faßl Sauerkraut im Keller wie den Doktor im Haus“, meint ein Tiroler Bauer vom Wattenberg.
Er hat recht, denn seine Qualitäten – besonders in rohem Zustand – sind außergewöhnlich. Schon die Römer aßen Sauerkraut. Die Zeiten haben sich geändert, aber die Vorzüge dieses milchsauren Gemüses sind geblieben.

- *Die Gärung nimmt unserem Magen das Erschließen der Kohlehydrate ab. Daher ist milchsaures Gemüse ganz allgemein sehr bekömmlich.*
- *Die Milchsäure macht Fäulniserregern im Darm den Garaus. Dazu ist sie mild und kräftigt angegriffene Magenschleimhäute.*
- *Bei der Nährstoffumwandlung im Darm bildet sich aus Sauerkraut zusätzlich das kostbare Vitamin B12, das atemberaubende Wirkung auf das Wohlergehen unserer Nerven hat. Ohne B12 wären wir alle nervenkrank, schwer depressiv und völlig hilflos gegenüber den normalen Herausforderungen des Alltags.*
- *Sauerkraut enthält außerdem einen insulinartigen Stoff, der die Blutzuckerwerte günstig beeinflußt.*
- *In rohem Zustand ist Sauerkraut auch ein wertvoller Vitamin-C-Lieferant, ein Muntermacher, der unsere Abwehr stärkt.*
- *Hinzu kommt, ganz speziell für unsere Zeit: Eine Kur mit rohem Sauerkraut bei abnehmendem Mond entschlackt und läßt die Fettpolster schmelzen...*

Also nichts wie ran an das Sauerkraut!

KOHLSPROSSEN – ROSENKOHL

sind auch eine Kohlart. Es lohnt sich, sie im Garten zu haben. Kohlsprossen brauchen weniger Nährstoffe als Weiß- oder Rotkohl. Sie gedeihen gut nach Bohnen, Erbsen, Kartoffeln, die im Boden Stickstoff gesammelt haben.

Aussäen

Ende April/Mai auf das Freilandsaatbeet im Abstand 50 x 60 cm.

- Weil sie ein Wintergemüse sind, bei abnehmendem Mond, für die Blattknospen Wasser- und Feuerzeichen wählen.

Pflanzen
Im Juni.
- Bei absteigendem Mond, gut Krebs, Skorpion; alternativ Löwe, Schütze.

Nachbarn
Kohlsprossen vertragen sich gut mit Endivien, Feldsalat, Porree, Spinat.

Pflegen
- Nicht zu viele Nährstoffe geben, weil sonst die Knospen locker werden.
- Das Wachstum der Röschen fördern Sie, wenn Sie im September in feurigen Zeichen Spitzen ausbrechen.

Ernten
Nicht vor Mitte November, sie schmecken erst nach den ersten Frosttagen wirklich gut.

Danach wächst Fenchel gut.

ÜBERBACKENE KOHLSPROSSEN

Ca. 500 g Kohlsprossen in Salzwasser weichdünsten, in eine Auflaufform geben. 2 Eier mit 3 EL geriebenem Käse in $^1/_8$ l Süßrahm verquirlen, salzen, pfeffern, über die Kohlsprossen gießen und im vorgeheizten Rohr ca. 20 Min. bis $^1/_2$ Stunde überbacken. Vor dem Servieren mit feingehackter Petersilie bestreuen. Schmeckt zu Kartoffeln aber auch zu gedünstetem Fisch.

KRENWURZELN (MEERRETTICH)

mögen es gerne humusreich und feucht. Der scharfe, beißende Geschmack kommt von den in den Wurzeln enthaltenen Senfölen und Schwefelverbindungen. Es braucht nicht viel, um einige Wurzeln des schmackhaften Gewächses im eigenen Garten zu haben. Einige „Fechser" in eine abgelegene Gartenecke gepflanzt und schon vermehren sie sich dort jahrelang weiter.

Pflanzen
Kaufen Sie im Herbst einige Meerrettichstangen, schneiden Sie einige Nebenwurzeln ab und pflanzen Sie sie an.

- Machen Sie eine 30 cm tiefe Grube, in die Sie viel Kompost hineingeben. Legen Sie die Wurzeln ca. 15 cm tief ein.
- Ideal ist der abnehmende Mond.
- Besonders günstig die Erdzeichen Steinbock und Jungfrau.
- Oder absteigender Mond auch in einem anderen Zeichen – aber nicht wäßrig!

Im Herbst stirbt das Laub ab und treibt im Frühjahr wieder aus.

Ein guter Freund

Merrettich vertreibt Kartoffelkäfer und schützt Pfirsichbäume vor der Kräuselkrankheit.

Ernten

Ab Spätherbst des zweiten Jahres kann geerntet werden.

Aufgraben, die starken Wurzeln herausnehmen und die schwächeren drinnen lassen.

- Abnehmender Mond.
- In einem Erdzeichen: Steinbock oder Jungfrau, alternativ ein Luft- oder Feuerzeichen.
- Nicht in einem Wasserzeichen.

Lagern

Im Keller und in feuchtem Sand.

- Abnehmender Mond, Luft- oder Feuerzeichen, in keinem Fall in einem Wasserzeichen.

APFELKREN UND SAHNEKREN
zu gekochtem Fleisch, Schinken und Räucherlachs
Warum haben wir das so gerne?

Die Krenwurzel hilft Magen und Darm auch schwere Speisen – besonders tierische Eiweiße und Fette – aufzuspalten, lebenswichtige Nährstoffe in den Körper zu transportieren und unverdauliche Abfälle rasch auszuscheiden. Sie fördert den Gallenfluß, hat eine sehr starke bakterientötende Wirkung und verhindert so die energieraubenden Fäulnisprozesse im Darm. Bei zunehmendem Mond hilft die Krenwurzel, im Körper zurückgestaute Flüssigkeit loszuwerden. Dazu wirkt sie blut- und knochenbildend, regt den Blutkreislauf und die Atmung an und enthält jede Menge Vitamin C, Eisen, Phosphor.

KRESSE

ist anspruchslos, pflegeleicht, eignet sich gut für das Fensterbrett und zaubert Frühling in die Winterzeit. Sie hat einen würzigen, rettichähnlichen

Geschmack. Das unscheinbare Grünzeug ist reich an Eisen, Jod, Schwefel, den Vitaminen A, C, D, und E. Es stärkt den Magen und die Verdauung.

Säen
- Zunehmender Mond.
- In den Wasserzeichen Krebs und Fische, günstig auch in Waage.

Freunde
Im Garten fühlt sie sich gut neben Kopfsalat und Radieschen.

Ernten
- am besten schmeckt sie bei zunehmendem Mond.

Der gute Tip:
Waschen Sie Kresse nur kalt, weil sie sonst zusammenfällt. Richtig knackig ist sie nur, wenn Sie sie vor dem Essen mit einem Tuch oder in der Salatschleuder trocknen.

UNÜBERTREFFLICH

zur abendlichen Suppe schmeckt ein Butterbrot mit Kresse. Oder einfach über warme Gerichte gestreut, zu Blattsalaten, zum Tomaten- oder Kartoffelsalat.

KRESSE TRENDY

Probieren Sie mal eine Pizza Margherita, die Sie vor dem Servieren mit frischer Kresse bestreuen.

KÜRBIS
strotzt nur so von Vitamin A. Der längliche oder runde Geselle ist ein richtiger Schön- und Muntermacher. Dazu fördert er die Verdauung und strafft Ihre Haut.

Der Boden
Kürbis braucht eine gute Stickstoffversorgung. Manche Bauern empfehlen, ihn auf dem angesetzten Misthaufen anzusetzen (s. a. GURKEN Seite 77ff). Schon eine Pflanze reicht für eine mittelgroße Familie.

Säen und setzen
Samen in kleinen Gruppen legen.

- Bei zunehmendem Mond, nach dem Neumond im April.
- Optimal drei Tage vor Vollmond.
- Günstig sind die Feuerzeichen Widder, Löwe, Schütze.
- Wenn Sie die Kürbisse gleich essen oder einlegen – ist auch Mond im Krebs möglich.

Pflegen

Lassen Sie nicht zu viele Früchte an den Pflanzen stehen. Bei den gelben Kürbissen reichen zwei pro Pflanze. Schneiden Sie alle anderen Fruchtansätze, Triebspitzen und Seitentriebe wacker weg. Nur so bekommt das Gemüse einen vollen Geschmack und erschöpft sich nicht in unergiebigem Längenwachstum.

- Günstig bei abnehmendem Mond, nahe Neumond.
- In einem Feuerzeichen, alternativ Luftzeichen (Waage).

Ernten

- Wenn Sie den Kürbis gleich einlegen oder verarbeiten, bei zunehmendem Mond.
- Optimal ist der Geschmack, wenn Sie zudem in einem Feuerzeichen ernten.

Lagern

Kürbisse halten sich lange in den Winter hinein.
Als Lagergemüse Kürbisse

- bei abnehmendem Mond
- in einem luftigen Zeichen: Zwillinge, Waage (optimal), Wassermann ernten und in einem trockenen, luftigen Raum aufbewahren.

Einlegen

Klassisch mit Essig und Gewürzen.

- Bei zunehmendem Mond in einem Feuerzeichen, Widder, Löwe, Schütze ernten und gleich verarbeiten. Diese pikante Beilage ist auch eine gute Geschenksidee!

KÜRBISNOCKERL
mit Salbeibutter und Parmesan

Kürbis waschen, aushöhlen, in große Stücke schneiden, in wenig Wasser mit etwas Salz, Lorbeer weich, aber nicht zu Brei kochen. Wasser abgießen, Fruchtfleisch von der Schale lösen, auskühlen lassen. 1–2 Eier auf einen halben Kürbis hinzugeben, nachsalzen, mit etwas Zimt und Muskat würzen und nur soviel Mehl beimengen, daß eine weiche Masse entsteht, die dem Kochwasser standhält. Probieren! Die Nockerl schmecken umso besser, je weniger Mehl Sie brauchen, aber das hängt davon ab, wie fleischig die Früchte sind. Mit einem nassen Löffel Nocken abstechen und nach und nach in leicht kochendes Salzwasser einlegen. Ca. 5–10 Min. mehr ziehen als kochen lassen, mit einer Schaumkelle herausnehmen und in eine Auflaufform schichten. In einer kleinen Pfanne ca. 3 EL Butter schmelzen, 2 EL sehr fein gehackten Salbei darin anziehen lassen, über die Nocken gießen, mit Parmesan überstreuen und kurz im Rohr überbacken.
Statt Salbei schmeckt auch Mohn sehr gut. Mit etwas weniger Salz läßt sich daraus eine herrliche Süßspeise machen.
P.S.: Das Wasser, in dem die Nockerl ziehen, nicht wegschütten, sondern als Suppenbasis verwenden.

LAUCH – PORREE

kann man für Sommer und Winter heranziehen. Unterschätzen Sie diese Pflanze nicht, sie enthält wertvolles Vitamin A und erheblich Kalzium.

Säen und setzen

Für die frühe Ernte März/April in den Frühbeetkasten oder in ein gesondertes Beet.
Für die späte Ernte im April.
Nehmen Sie jeweils den

- abnehmenden Mond, 3. Quartal (erste Woche nach Vollmond).
- Erdzeichen: Steinbock, Stier, Jungfrau (ideal).

Setzen

Von Mai bis August: Wenn die Setzlinge 10–15 cm lang sind, kommen sie auf ein gut vorbereitetes Beet.

Wichtig: tief pflanzen; die Pflanzen brauchen eine sehr lockere, reichlich mit Kompost versorgte Erde. Ziehen Sie tiefe Furchen und setzen Sie die Pflanzen in tiefe Löcher.

- Abnehmender Mond und Erdzeichen, ideal Steinbock.

- Manche Mondgärtner schwören hingegen auf den absteigenden Mond: dabei ist Jungfrau ideal. Ausprobieren!

Pflegen

nach dem Setzen mit verdünnter Brennesseljauche angießen.
- Zum Düngen und Gießen eignen sich Wasserzeichen: Krebs, Skorpion und besonders günstig Fische.
- Alternativ Erdzeichen, bevorzugt Steinbock.

Wenn die Pflanzen wachsen
- mit Komposterde auffüllen und später anhäufeln. Dadurch bekommen sie einen dicken, weißen Schaft.
- Gegen die Lauchmotte in die Nachbarschaft von Karotten pflanzen.
- Vorbeugend bei abnehmendem Mond mit Schachtelhalmtee besprühen und mit Steinmehl bestäuben.
- Wenn Sie bereits Fraßgänge bemerken, bei abnehmendem Mond nahe Neumond die Blätter beschneiden.

Nachbarn und Freunde

Lauch mag Salate, Kamille, Fenchel, Karotten, Kohl, Tomaten, Sellerie, kann aber Bohnen, Erbsen und Rote Rüben nicht ausstehen.

Besondere Freundschaft

Porree bewahrt Erdbeeren vor Schimmelkrankheiten und schützt Karotten vor der Karottenfliege.

Ernten
- September bis Dezember bei zunehmendem Mond
- oder in einem Wasserzeichen: Krebs, Skorpion, Fische
- oder bei aufsteigendem Mond.

LAUCH

die vielseitige Köstlichkeit

Lauch ist wirklich ein vielseitiges Gemüse. Es ist im Geschmack viel feiner als Zwiebel, hat aber ähnliche Eigenschaften: auch Lauch ist antibiotisch, wassertreibend und blutreinigend.

Er schmeckt köstlich in Suppen, als gekochter Salat, gedünstetes Gemüse, er macht Getreidelaibchen erst richtig gut, eignet sich hervorragend als Füllung für Teigtäschchen, Strudel und pikante Torten.

LINSEN (siehe BOHNEN Seite 66ff).

MANGOLD

Es gibt Blatt- oder Rippenmangold. Köstlich und ein Lagerhaus von Vitaminen und insbesondere Mineralstoffen sind sie beide.

Säen

Für die Sommerernte Ende April in Reihen. Alle 25 cm 3–4 Samen, 2–3 cm tief auslegen; danach auf je eine Pflanze vereinzeln.
- Bei zunehmendem Mond.
- In den Wasserzeichen Krebs und Fische; siehe auch Spinat Seite 109ff.

Nachbarn

Geeignet sind Karotten, Kohl, Radieschen und Rettich.

Pflegen

Bei der Aussaat etwas Kompost und Steinmehl dazugeben.
- Mangold braucht es naß, daher mulchen und gießen, bevorzugt in Wasserzeichen Krebs, Skorpion und Fische, ist aber sonst ziemlich pflegeleicht.
- Vor Mehltau durch Ausdünnen schützen – bei abnehmendem Mond in einem Wasserzeichen.

Ernten

Ab Mitte Juni den ganzen Sommer über möglich, immer die äußeren Pflanzen wegnehmen.
- Wenn möglich bei zunehmendem Mond,
- in Wasserzeichen
- oder bei aufsteigendem Mond.

MANGOLD
nach der Diätküche von Tante Fides

Mangold ist reich an Vitaminen und vor allem Mineralstoffen: Magnesium, Kalzium, Kupfer, Boron. Er wirkt magen- und darmstärkend, macht nervenstark und happy. Daher kocht ihn Tante Fides so: Mangold waschen, Blätter und Stengel in fingerdicke Streifen schneiden und in etwas Salzwasser zusammen mit einigen Zehen Knoblauch garen. Abseihen – Gemüsesud als Aperitiv trinken. Gemüse mit etwas kaltgepreßtem Olivenöl marinieren – nicht braten, weil es sonst nicht mehr so leicht verdaulich ist, rasch servieren. Dazu passen Kartoffeln, Getreidelaibchen, Hirse, gekochtes Fleisch und Fisch.

PAPRIKA

brauchen noch mehr Wärme und Sonne als Tomaten. In rauhen Gegenden muß man sie unbedingt gegen Regen und Kälte schützen, sonst reifen sie nicht.

Aussäen

im März auf der Fensterbank, dann in Töpfen,
ab Mai im Freien.

- Zunehmender Mond
- oder in den Feuerzeichen Widder und Löwe
- oder im absteigenden Mond – im Löwen oder Schützen.

Pflegen

In Österreich und den meisten Gegenden Deutschlands geht nichts ohne Folientunnel, Vlies oder Glashaus.

- **Wichtig,** in weiten Abständen pflanzen.
- In den ersten Tagen des abnehmenden Mondes oder in einem Feuerzeichen mit Schachtelhalm- und Beinwellbrühe düngen.
- Bei Trockenheit ausreichend gießen – nicht nur im Feuerzeichen.
- Wenn die Pflanzen höher werden, brauchen sie Haltestäbe. **Der gute Tip:** Legen Sie die Fenster des Frühbeetes auf ein Dachlattengestell. Bei abnehmendem Mond in einem Erdzeichen Steinbock, Stier, Jungfrau hält diese Konstruktion besonders gut. Ihre Pflanzen haben so Halt, Licht, Luft und Wärme und bleiben auch gegen Regen geschützt.

Ernten

Bis zum ersten Frost

- bei zunehmendem Mond,
- in einem Feuer- oder Luftzeichen.

PAPRIKA IM BLUT

macht lebendig und fröhlich, denn die grünen, gelben und roten Früchte enthalten viele Luststoffe und Muntermacher, vor allem die Vitamine A und C. Eine Paprikaschote enthält viermal so viel Vitamin C wie eine Zitrone!
Die ersten reifen Paprika essen Sie am besten frisch zum Abendbrot mit Käse oder Wurst oder in einem Salat.
Wenn Sie dann schon mehr davon haben, versuchen Sie es aber unbedingt mit einer Peperonata.

PEPERONATA

4 mittelgroße Paprika, 2 große Zwiebel, 3 Zehen Knoblauch, 4 mittelgroße Karotten nicht zu klein schneiden. In 2 TL reinem Olivenöl kurz anrösten, 6 mittelgroße Tomaten schälen, von Kernen befreien, dazugeben. Mit Salz, einem Rosmarinzweig, etwas schwarzem Pfeffer und 4 Nelken würzen. Ca. 1 Stunde auf schwacher Flamme köcheln lassen. Mit etwas lauwarmem Wasser nachgießen. Die Peperonata ist fertig, wenn die Sauce sämig ist. Vor dem Servieren noch durchziehen lassen und zum Schluß 1–2 EL Olivenöl dazugeben.
Die Peperonata schmeckt fantastisch zu Polenta, Kartoffeln, Hirse und jeder Sorte Getreide-, Soja- und Fleischlaibchen, zu gebratenem Fisch und Fleisch aber auch einfach zu einem Stück warmem Schwarzbrot.

RETTICH UND RADIESCHEN
brauchen einen lockeren Boden für die langen Wurzeln oder die runden Kugeln. Rettiche sind Magen-, Darm- und Gefäßputzer. Sie beugen Gallen-, Nieren-, Blasensteinen und Gefäßverengungen vor.

Säen
Von März bis August – je nach Sorte.
- Abnehmender Mond besonders zweite Hälfte.
- Winterrettich bei Mond im Stier, Jungfrau und Steinbock säen.
- Radieschen auch in einem Feuer- aber auch Wasserzeichen. Besonders wenn sie in den Fischen gesät werden, sind sie sehr ergiebig, wollen aber rasch gegessen werden.

Pflegen
Rettiche müssen rasch heranwachsen und dürfen nicht zu lange im Beet bleiben, nur so sind sie schön knackig und haben einen feinen Geschmack.
- Rechtzeitig verziehen, damit sich ihre Speicherwurzeln entfalten können – ideal bei zunehmendem Mond oder in einem Feuerzeichen, alternativ Waage.
- Gegen Erdflöhe für die Gemeinschaft mit Salat und Spinat sorgen.
- Bei Trockenheit gießen und mulchen – abnehmenden Mond nutzen!

Ernten
- Ein sehr guter Tag ist Mond im Skorpion, da sind die Radieschen besonders saftig und knackig.
- Winterrettich bei abnehmendem Mond, bevorzugt in einem luftigen Zeichen oder in einem Erdzeichen ernten. Nie in einem Wasserzeichen.

RADIESCHEN, DIE KLEINE, PIKANTE LECKEREI

Radieschen eignen sich auch für den kleinsten Garten. Auch sie müssen rasch wachsen und brauchen viel Feuchtigkeit. Am besten schmecken sie, wenn sie direkt aus dem Garten auf den Tisch kommen. In hauchdünne Scheibchen geschnitten, zusammen mit etwas Wurst oder Käse, verwandeln sie jedes Jausenbrötchen in einen gesunden Leckerbissen.

RHABARBER

ist eine winterharte Staude, die auch gut im Schatten stehen kann. Sie mag einen lockeren Boden, viele Nährstoffe und viel Feuchtigkeit.

Im Frühsommer liefert sie erfrischende Kompotte und herzhafte Kuchen.

Pflanzen

- In den Wasserzeichen Krebs und Fisch.

Pflegen

- Nach der Ernte mit Brennesseljauche gut düngen und mulchen bei abnehmendem Mond erstes Viertel.

Ernten

Nach dem zweiten Jahr bis Juni. Stiele durch leichtes Drehen herausziehen Nach dem 8. Jahr wird die Wurzel geteilt und neu gepflanzt.

GEZOGENER RHABARBERSTRUDEL FÜRS KAFFEEKRÄNZCHEN

Für den Strudelteig: 10 dag Mehl, 1 EL Öl, eine Prise Salz, $^1/_{16}$ l bis $^1/_{10}$ l lauwarmes Wasser.
Zum Belegen: 12 dag Bröseln, 75 dag Rhabarber, 10–20 dag Zucker (auch brauner Zucker), dazu bei Bedarf Sultaninen, geriebene Zitronenschale, Vanille und etwas Zimt.
Strudelteig dünn ausziehen, mit gerösteten, erkalteten Bröseln bestreuen, geschälten und fein geschnittenen Rhabarber darauf legen, würzen. Bei 220° C ca. 30 Min. backen. Warm essen. Sehr gut mit etwas süßer Sahne oder auch einem Löffel Sauerrahm.
Eignet sich ausgezeichnet für die kleine Kaffeegesellschaft am Nachmittag.

ROTE RÜBE – ROTE BETE
mag einen lockeren, feuchten Boden.

Säen
Ins Beet von April bis Juli.
- Bei abnehmendem Mond, bevorzugt in der zweiten Hälfte.
- In den Erdzeichen Stier, Jungfrau, Steinbock, günstig auch in der Waage.
- Wie bei der Karotte kann anstatt in Erdzeichen auch in Wasserzeichen gesät werden, die Pflanze entwickelt sich schneller und wächst dem Unkraut davon.
- Wenn Sie hauptsächlich Saft herstellen, säen Sie in erdigen Zeichen und pflegen Sie in wäßrigen Zeichen. So werden die Knollen schön saftig.

Nachbarn
Rote Rüben bleiben gerne mit Dill, Erdbeeren, Kohlrabi, Salat, Gurken, Buschbohnen; sie mögen keine Kresse, keinen Lauch, Schnittlauch und Spinat.

Pflegen
Es ist wichtig, die Sämlinge rechtzeitig zu verziehen.
- Nehmen sie das erste Viertel des abnehmenden Mondes
- oder ein aufsteigendes Zeichen, z. B. Widder.

Ernten
Von Juli bis November.

Zum Entsaften
- Bei zunehmendem Mond, nahe Vollmond in einem wäßrigen oder feurigen Zeichen.

Zum Lagern
- Bei abnehmendem Mond erstes und zweites Quartal in einem erdigen Zeichen.
- **Wichtig:** meiden Sie für Lagergemüse wäßrige Zeichen, besonders Fische, die Knollen sind nicht lagerfähig.
- Auch in der Jungfrau nicht einkellern, weil die Rüben jetzt leichter faulen.

Strotzende Gesundheit aus der Wunderknolle

Bei der Roten Bete kann man nur Lobeshymnen anstimmen, obwohl sie viele von uns nur als Wintersalat in Essig und Öl schwimmend nicht gerade in bester Erinnerung haben. Abgesehen davon, gibt es einen ganzen Katalog ausgezeichneter Rezepte: im Rohr gebacken, als gedünstetes Gemüse, als Suppe oder Gemüsesaft.

Rote Bete enthält

- die Vitamine A, B1, B2, B6; Eisen, Kalium, Kalzium, Schwefel, Frucht- und Traubenzucker, Fettstoffe, Eiweiß,
- Aminosäuren für Nerven- und Gehirntätigkeit.
- Sie erneuert die roten Blutkörperchen,
- ist blutdrucksenkend,
- stärkt die Abwehrkräfte und daher die beste Grippevorbeugung weit und breit,
- ist stark reinigend, läßt Viren und Bakterien gar nicht erst ran,
- wirkt entschlackend und entwässernd und darf in keiner Saftdiät fehlen.

Probieren Sie mal die russisch-ukrainische Nationalspeise
BORSCHTSCH

Für vier Personen: 3 mittelgroße rote Rüben, 1 mittelgroße Karotte, 1 Scheibe Knollensellerie, 1/2 mittlere Porreestange, etwas Petersilie, 1 Knoblauchzehe, 2 EL Pflanzenöl, Pfeffer, Salz, 1 Prise Zucker, 1/4 kg Weißkraut, 2 mittelgroße Kartoffeln, 2 Lorbeerblätter, einige Nelken, etwas Kümmel, 2 mittelgroße Tomaten, bei Bedarf 1–2 EL Obstessig.

Rote Rüben sorgfältig waschen, bürsten und ebenso wie die Karotte, Sellerie und den Poree in kleine Streifen oder Stücke schneiden. In 1 1/2 l Wasser zustellen, mit Knoblauch, Pfeffer, Salz und einer Prise Zucker würzen. Ca. 20 Min. leicht kochen lassen. Danach feingeschnittenes Weißkraut, würfelig geschnittene Kartoffeln, Lorbeerblätter, Nelken und Kümmel hinzugeben. Ca. 30 Min. kochen. Danach die abgezogenen Tomaten hineinschneiden, noch 10 Min. weiterköcheln lassen. Zum Schluß mit etwas Essig abschmecken. Mit feingehackter Petersilie bestreuen. Servieren. Borschtsch ist eine Hauptspeise. In Donetsk ißt man dazu ein mächtiges Stück dunkles Brot.

SALATE

Salate gehören in jeden Nutzgarten. Es ist das Gemüse, mit dem man durch das ganze Jahr kommt und das besonders stark auf die kosmischen Kräfte reagiert. Dazu mobilisieren Salate die körpereigenen Opiate und sind richtige Muntermacher. Wenn Sie es nicht glauben und zuviel Salat im Garten haben, geben sie einige Köpfe zusammen mit etwas Petersilie in den Entsafter und trinken Sie den Saft mit einigen Spritzern Zitronensaft schluckweise als Aperitiv. Danach sorgen Sie für ausreichend Aktivität.

Boden
Salate mögen humusreichen, feuchten Boden; besonders wohl fühlen sie sich, wenn vorher gemulcht wurde. Wichtig ist, daß sie als Blattgemüse rasch wachsen dürfen, denn nur so bleiben die Blättchen zart. Schnittsalat können Sie schon nach ein paar Wochen ernten.
Salate mögen als Vorkultur Kohl, Rosenkohl und Erbsen.

Schnittsalat aller Art
Ab April ins Freiland, er wächst immer wieder nach.
- Kurz vor Vollmond. Gut auch in einem wäßrigen Zeichen.

Ernten
Wenn die Pflanzen ca. 20 cm hoch sind, die äußeren Pflanzen erstmals abpflücken, es wachsen laufend neue Blätter nach.
- Zunehmender Mond in einem Wasserzeichen,
- nicht Skorpion.
- Ertragssteigernd wirken Fische und Krebs.

Kopfsalat
ist eine der ersten Salatsorten im Frühjahr.

Säen
auf einem kleinen Saatbeet aussäen, dann umpflanzen.
- Bei zunehmendem Mond,
- bei absteigendem Mond,
- in einem wäßrigen Zeichen: Fische oder Krebs.

Pflanzen
Wichtig: von April bis Anfang August, nie in großen Mengen, sondern in zwei- bis dreiwöchigen Etappen setzen, damit er nicht schießt. Achten Sie darauf, daß beim Pflanzen die Blätter nicht in den Boden kommen.
- Im abnehmenden Mond. Dann macht er große Köpfe und schießt nicht aus
- oder im absteigenden Mond, damit er früher Köpfe bildet, bevorzugt Krebs.
- Im Erdzeichen Stier macht er besonders große Köpfe und schießt nicht aus.
- Der Kopfsalat macht eine Ausnahme: pflanzt man ihn im aufsteigenden Mond, schießt er in die Höhe und macht keine Köpfe, sagen die Bauern in Vorarlberg.

Eissalat
Ein Sommersalat mit krachigen Blättern, der große Köpfe bildet und vom Mondstand wie Kopfsalat behandelt werden möchte.

Aussäen
Von April bis Juli. Er braucht etwa 10 Tage länger für seine Entwicklung als Kopfsalat, er verträgt Hitze und Trockenheit.

Ernten
Die fertigen Köpfe können zwei bis drei Wochen auf dem Beet bleiben, ohne zu schießen, vorausgesetzt es gibt keine intensive Mondbescheinung.

Endivien
Ein Zichoriensalat mit Sommer- und Wintersorten, die auch Minusgrade vertragen und unter dem Vlies bis Dezember auf dem Beet bleiben können.

Die Wintersaat
Juni/Juli dünn aussäen, damit sich kräftige Pflanzen entwickeln. Danach auf ein Beet 30 x 30 cm auspflanzen: Ca. 4–5 Wochen anzüchten, Wurzeln und Blätter um ein Drittel einkürzen. Von dort sind es noch ca. 8 Wochen bis zur Ernte.

Ernten
Fertige Pflanzen.
- bei zunehmendem Mond,
- in einem Luftzeichen
- oder bei aufsteigendem Mond mit Bast oder Gummiringen bei trockener Witterung zusammenbinden. Winterendivie verträgt Minusgrade.

Lagern
Die Pflanzen in ein Frühbeet oder im Keller in sandige Erde einschlagen.
- Bei abnehmendem Mond,
- in einem luftigen Zeichen.

Feldsalat (Rapunzel)
Gehört in jeden Gemüsegarten, er hat ein feines Aroma, am besten schmeckt er, wenn er frisch im Garten geerntet und gleich zubereitet wird.

Aussäen
Breitflächig oder in Reihen.
- Im Frühjahr und Sommer in einem wäßrigen Zeichen, die Pflanzen schießen fast nie, da sie ihre ganze Kraft in das Blattwachstum legen.

- Für die Winter- und Frühjahrsernte: ein wäßriges Zeichen im August oder September.

Ernten

- Von Oktober bis April. Feldsalat bildet im Winter eine sehr hübsche Bodenbedeckung.

Radicchio

macht rote Rosetten, hat einen leicht bitteren Geschmack; auch er kann auch über den Winter draußen bleiben.

Aussäen

Direkt auf das Beet, später ausdünnen, damit sich schöne Köpfe bilden. Für die Herbsternte Mitte Juni/Juli.

- Skorpiontage (wäßrig und absteigender Mond).

Pflegen

- Boden lockern in einem wäßrigen oder luftigen Zeichen.
- Im späten Herbst Blätter auf ca. 5 cm zurückschneiden, damit sich schöne Rosetten bilden.

Gute Freunde der Salate: Endivien mögen Fenchel, Kohl, Lauch, Stangenbohnen. **Feldsalat** mag Erdbeeren, Kohl, Kohlrabi, Lauch, Stangenbohnen und Zwiebeln; **Kopfsalat** Buschbohnen, Dill, Erbsen, Erdbeeren, Fenchel, Gurken, Kohl, Kohlrabi, Lauch, Mais, Mangold, Tomaten, Radieschen, Spargel, Stangenbohnen, Zwiebel. Salate mögen keine Petersilie, weil sie ihren Geschmack beeinträchtigt.

Noch ein Wort, wie Sie Salate richtig pflegen

- Pflegemaßnahmen sind grundsätzlich gut bei abnehmendem Mond in einem Wasserzeichen.
- Halten Sie den Boden locker und feucht.
- Besonders Kopfsalat braucht es feucht und schätzt auch Kompost, auf magerem Boden verlangt er eine Zusatzdüngung mit Brennesseljauche, aber nicht mehr, wenn der Salat Köpfe bildet.
- Beugen Sie Salatfäule vor, indem Sie die Blätter trocken halten, sie vor allem nicht mehr am Abend und besonders nicht in einem Wasserzeichen überbrausen, nicht mit Stickstoff überdüngen, Salat nicht zu eng und zu tief setzen.
- Merken Sie: Salat will rasch aus der Erde heraus – säen Sie nie bei totem Mond. Salat und Mondlicht gehören zusammen.
- Achten Sie auf Schnecken. Errichten Sie einen Schneckenzaun, bestäuben Sie die Erde bei abnehmendem Mond an Skorpiontagen mit Steinmehl oder Sägemehl.

Nach Salaten können Buschbohnen, Karotten, Zucchini gepflanzt werden.

EINE SALATSCHLEUDER
die gute Fee für knackige Salate

Für den Geschmack ist es sehr bedeutsam, den Salat nach dem Waschen zu trocknen, so daß sich die Marinade nicht mit Wasser vermischt und das zarte Aroma verlorengeht. Sie können die gewaschenen Salatblätter auf einem sauberen Tuch trocknen lassen. Das dauert ziemlich lange. Viel praktischer ist es, sie mit einer Salatschleuder zu trocknen.
Immer gut: Kaltgepreßtes Olivenöl, feingehackte Kräuter, Zwiebel, 2 EL Zitronensaft oder Weinessig. Salat braucht nicht mehr, um gut zu sein.

SCHWARZWURZELN

sind nicht nur im Winter eine besondere Delikatesse, sie sind auch sehr gesund. Sie enthält erheblich Phosphorsäure und Eisen, wirkt entwässernd, bringt die Hirnzellen auf Trab, stärkt Herz und Nerven.

Boden

Sie mögen ihn tief gelockert und mit Kompost versorgt, sonst bilden sie zu viele Nebenwurzeln.
Gut nach Kartoffeln.

Säen

Im März ca. 2 cm tief, ziemlich dicht, danach verziehen; die langen Wurzeln brauchen viel Zeit, bis sie sich entwickeln.
- Abnehmender Mond,
- in den Erdzeichen Mond im Stier, Mond in der Jungfrau, Mond im Steinbock.

Freunde sind Lauch, Kohlrabi, Kopf- und Pflücksalat.

Pflegen

- Keine frische Düngung.
- Sämlinge ausdünnen – abnehmender Mond in einem Erdzeichen.

- Pflanzen mit Beinwelljauche düngen – abnehmender Mond, Erdzeichen oder Waage.

Ernten
Von September bis April.
- Abnehmender Mond,
- aufsteigend.
- Erdzeichen: Steinbock oder Stier.

Lagern
Schwarzwurzeln lassen sich über den Winter leicht in einer Kiste, in feuchtem Torfmull eingeschlagen, aufbewahren.
- Wichtig für das Einkellern ist der abnehmende Mond, und daß es nicht an einem Jungfrautag geschieht, weil dann die Wurzeln leichter faulen.

Als **Nachkultur** Porree.

SCHWARZWURZELN
am besten gedünstet

Bürsten Sie die Schwarzwurzeln unter fließendem Wasser sauber ab und dämpfen Sie sie samt der Schale. Wenn sie weich sind, ziehen Sie ihnen die Haut ab, schneiden sie in fingerlange Stücke, nach Belieben 1–2 TL Butter darauf zergehen lassen, oder etwas Olivenöl darübergeben und mit geriebenem Käse servieren.

SELLERIE als KNOLLE und STAUDE
Essen Sie Sellerie, wenn Sie auf Ihre Figur achten müssen oder abnehmen wollen. Sellerie wirkt stark entwässernd und blutreinigend. Zudem ist sie gut für die Liebe.

Boden
Sellerie braucht gute Nährstoffversorgung, vor allem Kalium, das in Schweinemist oder Holzasche enthalten ist. Sellerie eignet sich **gut nach** Spinat.

Knollen

Säen
Vorkultur in Saatschalen.

Pflanzen
Erst nach den Eismännern ins Freie, in einem Abstand von 40 x 40 cm.

Nicht zu tief pflanzen, sonst bildet die Sellerie nur Seitenwurzeln und keine Knollen.
- Bei abnehmendem Mond im Stier, auch Jungfrau und Steinbock.

Stauden
Säen
Geschützt im März bei Mond in den Fischen. Ins Freiland April/Mai.

Pflanzen
Ab Mitte Mai.
- Absteigendes Zeichen, Mond im Skorpion.

Freunde: Buschbohnen, Gurken, Kamille, Kohl, Kohlrabi, Lauch, Tomaten; nicht Kartoffeln und Mais.

Pflegen
Knollensellerie braucht viel Wasser und viel Dünger – immer in erdigen Zeichen pflegen. Die Blätter nicht entfernen. Sie benötigt sie für ihr Wachstum.
Stangensellerie (Bleichsellerie) anhäufeln, damit die Stengel bleichen – in wäßrigen Zeichen pflegen.

- Mit Schachtelhalmbrühe Pilzkrankheiten vorbeugen, sie stärkt die Abwehr.
- Beim Hacken aufpassen, daß Sie nicht die flachen Wurzeln beschädigen.
- Besser ist mulchen, den direkten Bereich um die Pflanze freilassen.
- Während der Wachstumsphase mit Beinwelljauche und Brennesseljauche gießen.

Ernten
Knollen im Spätherbst, ab Mitte Oktober.
- An einem trockenen Tag bei abnehmendem Mond.
- Im aufsteigenden Mond – gut an Stier und Steinbocktagen.
- Nicht in den Fischen einkellern, sie faulen leicht.

Stangen ab August.
- Bei zunehmendem Mond sind sie besonders knackig.

SELLERIEPÜREE

Die Selleriestangen essen Sie am besten roh als Salat. Aus der Knolle läßt sich ein sehr feines Püree bereiten.
Für zwei Personen
1 mittelgroße Sellerieknolle in der Schale weichkochen, abschälen, warm durch ein Sieb streichen. Mit süßer Sahne, 1 TL Butter, etwas Salz und Pfeffer zu einem feinen Brei verrühren. Paßt gut zu gebratenem Fleisch, Fisch und Getreidelaibchen.

SPINAT

enthält vor allem Eisen, Vitamin A, Biotin und Vitamin C. Eine nährstoffreiche Kost kann auf ihn nicht verzichten. Eisen läßt die Zellen atmen, kräftigt das Muskelgewebe, unterstützt die roten Blutkörperchen, das Immunsystem, die Herzfunktion und vieles mehr.

Boden

Damit Spinat gut keimen kann, braucht er einen lockeren, gleichmäßig feuchten, humusreichen Boden, im Herbst vorher mit gut verrottetem Kompost aufbereitet.

Säen

Im Frühjahr und Spätsommer, nicht im Sommer, weil die Pflanzen sofort blühen.

- Im über sich gehenden Mond in Vorarlberg: Mond in den Zwillingen.
- Mond in den Fischen für besondere Fruchtbarkeit.
- Sehr gut geeignet auch Mond im Krebs und Skorpion.

Freunde

Spinat scheidet über seine Wurzeln Saponine aus, die jeder Pflanze guttun. Er mag Erbsen, Kartoffeln, Erdbeeren, Kohl, Kohlrabi, Mais, Obstbäume, Tomaten, Radieschen und Stangenbohnen, nicht hingegen Rote Rüben.

Pflegen

- Nicht zuviel Stickstoff (Kompost) geben, sonst ist zuviel Nitrat in den Blättern und der Spinat wird schwer verdaulich.
- Hacken: im Freiland das erste Mal nach drei Wochen; im Glashaus schon neun Tage nach dem Säen. Hacken und Spritzen in wäßrigen Zeichen (Krebs, Skorpion und Fische).
- Lassen sie die Wurzeln von abgeschnittenem Spinat in der Erde.

Ernten
Über mehrere Wochen.
- Bei zunehmendem Mond in wäßrigen Zeichen.
- Um Vollmond sind Zucker und Vitamingehalt in den Blättern am höchsten.

> *SPINAT ZUBEREITEN*
> *damit die Nährstoffe voll zur Geltung kommen*
>
> *Vermeiden Sie es, Spinat mit gebundenen Saucen zuzubereiten. Verlesen Sie die Blätter, waschen Sie sie mehrmals in viel Wasser und stellen Sie ihn in einem großen Topf nur mit dem Tropfwasser auf die heiße Flamme. Er fällt rasch zusammen. Dämpfen Sie ihn ohne Deckel mit einer Zehe Knoblauch weich. Zum Schluß mit Olivenöl abschmecken – zu Kartoffeln, Fleisch oder Fisch servieren. Nach Belieben mit geriebenem Käse im Rohr kurz überbacken.*

TOMATEN (PARADEISER)

Tomaten wachsen am besten immer am selben Platz, sonnig, vor Wind geschützt. Der Standort muß nur gewechselt werden, wenn sie erkrankt sind. Sie brauchen Nährstoffe aus verrottetem Kompost oder Mist, große Abstände zwischen den Pflanzen, feuchte Wurzeln und trockene Pflanzen.

Säen
Im März in Saatschalen.
- Auf jedem Fall in einem Feuerzeichen: Widder, Löwe oder Schütze.
- Dann auseinandersetzen und schließlich in Töpfe pflanzen. Abhärten und nach den Eismännern ins Freie.

Pflanzen
- Im absteigenden Mond im Löwen oder Schützen.

Freunde sind Basilikum, Buschbohnen, Karotten, Kohl, Kohlrabi, Kopfsalat, Lauch, Mais, Petersilie, Radieschen, Schnittlauch, Sellerie, Spinat; aber nicht Erbsen, Kartoffeln, Fenchel und Gurken.

Pflegen
- In jedem Fall in feurigen Zeichen (Fruchttage) hacken und pflegen.
- Auf große Abstände achten.
- Etwas tiefer und schräg setzen.
- Sofort mit einem Stab stützen.

- Den Boden feucht halten und mit abgestandenem Wasser und Brennesseljauche gießen.
- Aber von zuviel Feuchtigkeit kommt die Kräutfäule, daher vorbeugend die Pflanzen im Juli bei abnehmendem Mond oder in einem Feuerzeichen mit Algenkalk überstäuben bzw. mit einer Jauche aus Knoblauch- und Zwiebelschalen düngen.
- Entgeizen auch in einem Feuerzeichen. Vorsicht: wenn Sie die Seitentriebe in wäßrigen Zeichen (Krebs, Skorpion, Fische) herausbrechen, dann ist Pilzbefall die Folge; ersatzweise können auch luftige Zeichen genommen werden (Zwillinge, Wassermann, Waage).
- Gut mulchen.
- In regenreichen Jahren ein Foliendach bauen.
- Pilzerkrankungen mit Schachtelhalmbrühe vorbeugen.

Ernten
Ab Juli bis zum ersten Frost.
- Bei zunehmendem Mond in feurigen Zeichen.
- Gesunde Tomaten, die nicht reifen, im Zimmer nachreifen lassen.

TOMATEN AUS DEM EIGENEN GARTEN

sind viel zu schade, um sie zu verkochen. Lassen Sie sich den Genuß nicht entgehen, alle ihre Vitamine roh zu verzehren.

Sogar als Sugo zu Spaghetti lassen Sie sich roh verwenden. Sonnenreife Tomaten waschen, abtrocknen, klein schneiden, mit Salz, Origano, feingehacktem Knoblauch, frischem Basilikum und 1–2 EL Olivenöl in eine Schüssel geben und vermischen. Während die Spaghetti kochen, die Schüssel über den Topf stellen, so daß sich der Sugo leicht erwärmt. Sobald die Spaghetti al dente gekocht sind, aus dem Wasser nehmen, abtropfen lassen und in der erwärmten Schüssel mit dem Sugo vermischen.

ZUCCHINI
reagieren ganz ähnlich wie die Gurken, sind aber weniger empfindlich. Siehe GURKEN Seite 77.

Gut nach Kopfsalat.

Säen
Ab Mitte April in Töpfen vorkultivieren, die Jungpflanzen nach den Eismännern ins Freie setzen.

- Zunehmender Mond, feuriges Zeichen.
- Absteigender Mond, feuriges Zeichen, Löwe oder Schütze.

Freunde sind Erbsen, Kresse, Stangenbohnen.

Pflegen
- In feurigen Zeichen, Widder, Löwe oder Schütze, ersatzweise Waage.
- Nicht zu dicht pflanzen.
- Gelegentlich etwas düngen.
- Gegen Pilzerkrankungen vorbeugend bei abnehmendem Mond Schachtelhalmtee spritzen.
- Vorsicht Schnecken!

Ernten
Ab Ende Juni.
- Um Vollmond.
- Aufsteigender Mond, ideal Widder.

ZUCCHINIMARMELADE

Ernten Sie um Vollmond aus Ihrem Garten ca. 1 kg zarte Zucchini. In wenig ganz leicht gesalzenem Wasser weichdünsten, ca. 5 Min; aus dem Wasser nehmen, abtropfen lassen und in kleine Stücke schneiden. Zusammen mit dem Saft von zwei Zitronen und 75 dag Zucker in einen Topf geben, erhitzen und auf mittlerer Flamme ca. 45 Min. kochen lassen. Öfters mit einem Holzlöffel umrühren. Die abgeriebene Schale einer ungespritzten Zitrone zugeben und nochmal 10 Min. kochen lassen. Noch warm in Gläser füllen, abkühlen lassen. Die Gläser hermetisch verschließen und 30 Min. sterilisieren. Zucchinimarmelade hat einen sehr exquisiten Geschmack und ist ein ganz besonderes Geschenk für liebe Freunde.

ZWIEBELN
haben gern einen trockenen Boden.

Aussäen, pflanzen
Je nach Sorte direkt aussäen oder durch Steckzwiebeln. Steckzwiebeln bis zu zwei Drittel in den gelockerten Boden stecken.
- Winterzwiebeln nur bei abnehmendem Mond im Steinbock pflanzen.
- Zwiebeln bei Vollmond zu pflanzen, hält man teils für richtig, um ihre Dicke zu fördern, teils für falsch, weil sie ins Kraut schießen.

- Zwiebeln werden im Steinbock (über sich gehender Mond) am besten, weil es ein hartes Zeichen ist und sie dann schön fest werden; im Wassermann dagegen faulen sie leicht (Vorarlberg).
- Bei unter sich gehendem Mond werden sie nicht aus der Erde gezogen, sagt eine andere Redensart, daher in der Jungfrau stecken.
- Wenn Sie Zwiebeln vorquellen, vermeiden Sie, daß sie aus dem Boden springen.

Freunde und Nachbarn sind Basilikum, Erdbeeren, Dill, Feldsalat, Gurken, Kamille, Kopfsalat, Rote Rüben, Stangenbohnen; nicht ausstehen können Zwiebeln Buschbohnen, Erbsen, Kohl und Spargel.

Pflegen

- Die Zwiebeln bleiben auch nach der Ernte haltbar, faulen und schossen nicht, wenn sie in erdigen Zeichen (Steinbock, Stier und Jungfrau) gepflegt und gehackt werden.
- Zwiebeln vertragen keinen frischgedüngten Boden. Die Pflanzen bleiben gesünder, wenn sie mit Pflanzen gedüngt werden. Mistkompost bringt Madenbefall.
- Wenig jäten, weil Zwiebeln flache Wurzeln haben.
- Gegen die Zwiebelmilbe in Gemeinschaft mit Karotten setzen. Vorbeugend bei abnehmendem Mond mit Asche oder Steinmehl bestäuben.

Ernten

- Bei abnehmendem Mond.
- In einem Erdzeichen, ersatzweise auch Waage.
- Zusätzliche Lagerung in Heu oder Stroh fördert die Haltbarkeit.
- Zwiebeln an Wurzeltagen bei absteigendem Mond geerntet, halten lang.

DIE ZWIEBEL IST EINE URALTE HEILPFLANZE

Man ißt sie roh in Salaten, zu Wurst und Käse, gekocht zu Gemüse, Fleisch, im Fisch und Zwiebelkuchen. Die Zwiebel ist stark antibiotisch, sie bindet Gifte und tötet Darmbakterien, entwässert, ist schleimlösend und auswurffördernd. Geschnittene Zwiebeln müssen immer gleich verwendet werden, weil sich ihre Fähigkeit, Gifte zu binden, auf die gesamte Umgebung bezieht. Die Zwiebel enthält vor allem Phosphor und ein schwefelhaltiges Öl. Ähnlich wie Knoblauch sollen im Haus aufgehängte Zwiebeln böse Gedanken und Unheil abwehren.

Noch ein Wort über das Ernten von Gemüsen

- **Frischgemüse** müssen beim Ernten nicht unbedingt voll reif sein: Kohlrabi, Gurken, Radieschen, Kraut, Karotten, Salat schmecken viel zarter, wenn sie nicht ganz ausgewachsen sind. Nach Regenfällen, bei zunehmendem Mond und Vollmond sind diese Gemüse besonders saftig.

- **Am Vormittag geerntetes, frisches Gemüse** ist zwar sehr schmackhaft, hat aber einen höheren Nitratgehalt. Daher ist es schwerer verdaulich und für Kleinkinder, alte Menschen und die Diätküche ungeeignet. Ernten Sie in diesen Fällen Blatt- und Wurzelgemüse erst ab Mittag.

- **Lagergemüse** soll lang auf den Beeten bleiben, vollreif sein und nur bei trockenem Wetter geerntet werden und zwar bei abnehmendem Mond in einem luftigen Zeichen.

- **Einmachen** nicht in den Wasserzeichen Skorpion und Fisch, weil der Geschmack der Früchte nicht gut zur Geltung kommt.

DER RICHTIGE MONDSTAND FÜR HEIL- UND KÜCHENKRÄUTER IM GARTEN UND AUF DEM BALKON

Ein Mondgarten ist immer auch ein Kräutergarten. Heilkundige aller Kulturen haben ihre Pflanzen, die sie für magische oder heilende Zwecke verwendeten, immer beim richtigen Mond gesammelt und auch beim richtigen Mond zu Salben, Tinkturen und Tees verkocht. So manche Großmutter auf einem alten Bauernhof weiß auch noch heute Rezepte der alten Volksheilkunde, die seit Jahrhunderten über die Generationen mündlich weitergegeben wurden. Viele dieser Heilkräuter sind nichts anderes als unsere Küchenkräuter, die in Suppen, Saucen, auf dem Butterbrot, zu Fisch und Fleisch so lecker schmecken. Aber diese Kräuter, Blüten, Samen und Knollen haben außerdem geradezu magische Kräfte auf unsere Gesundheit.

Darauf beruht die Magie der Heil- und Küchenkräuter

Echte Magie ist immer praktisch und sehr wirkungsvoll. Die Küchenkräuter sind ein sehr gutes Beispiel dafür:

- Sie unterstützen auf sehr wirksame Weise die Aufnahme und Umwandlung der Nahrung.
- Sie sorgen dafür, daß der Körper Schlacken und Nahrungsgifte rascher ausscheidet und sich nicht in den Gefäßen einlagern.
- Sie enthalten wichtige Vitamine, Mineralstoffe und Spurenelemente, die auf unser Nervenkostüm und unsere Gedanken positiv wirken: beruhigend, anregend, gedächtnisfördernd, vitalisierend, stimmungsaufhellend. So bleiben wir jung, gesund und lebensfroh bis ins hohe Alter.
- Sie stärken gezielt geschwächte Organe und Körperteile.

Jede Pflanze ist ein kleines Speicherkraftwerk für kosmische Strahlung, das wir dankbar nützen sollten.

Natur- und Küchenkräuter,
der wirksame Schutz gegen Energieverluste in jedem Alter

Unser Körper ist ein Energiefeld. Es verändert sich in jeder Sekunde unseres Lebens, erschafft immer wieder neue Energiemuster und repariert sich bei Störungen immer wieder aus eigener Kraft. Aber wir Menschen vergeuden durch falsche Lebensweise unmäßig viel Energie, daß die Batterien trotzdem auslaufen. Wir können uns nicht mehr selbst regenerieren (= neu erschaffen), altern und werden krank. Damit das nicht zu rasch passiert, stellen uns Pflanzen bereitwillig ihre Energie zur Verfügung und gestatten, daß wir uns an ihnen immer wieder die Batterien neu aufladen. Und in der Tat, wir bedienen uns auch nur allzu großzügig Tag für Tag in der Apotheke Gottes: wir essen, trinken, reiben uns mit Kräuterauszügen ein, stellen duftende Essenzen her und verschönern feierliche Ereignisse aller Art mit Blumen. Was wir den Pflanzen dafür geben, ist freilich oft nicht einmal der Respekt vor ihren Wachstumsbedingungen …

Viele Küchenkräuter sind ziemlich anspruchslos,

sie können sie überall halten: auf dem **Fensterbrett,** dem **Balkon,** der **Terrasse** oder im **Garten.** Es macht nichts, ob Sie ein ganzes Kräuterbeet, eine attraktive Kräuterschnecke oder nur ein, zwei Pflanzen auf dem Fensterbrett haben. Nutzen können Sie aus jeder Pflanze ziehen.

Das sollten Sie bedenken, wenn Sie kraftvolle Kräuter haben wollen

Achten Sie auf den richtigen Standort, weil sich die Duft-, Würz- und Heilstoffe dann viel besser entwickeln.

- Im **(Halb)Schatten** wachsen z. B. Kapuzinerkresse, Kerbel (und feucht), Liebstöckel, Petersilie, Schnittlauch.
- **Feucht** brauchen es Baldrian, Basilikum (aber auch sonnig), Borretsch, Brunnenkresse (dauerfeucht) Kerbel, Kümmel, Liebstöckel und die Minzearten (aber auch sonnig), Zitronenmelisse (eher feucht).
- **Trocken** lieben es Arnika, Johanniskraut (eher trocken), Lavendel, Thymian, Wermut.
- **Sonnenanbeter** sind: Anis, Alant, Basilikum, Beifuß, Bergbohnenkraut, Bohnenkraut, Dill, Estragon, Fenchel, Kamille, Koriander, Majoran, Minzearten, Oregano, Rosmarin, Salbei, Thymian, Lavendel, Wermut, Ysop.

- **Die Pflegeleichten** mit mäßiger Wasserversorgung sind: Bohnenkraut, Borretsch, Dill, Eberraute, Estragon, Gewürzfenchel, Kamille, Koriander, Liebstöckel, Petersilie, Pimpinelle, Schnittlauch.
- **Einzelgänger:** Angelika (wächst sehr kräftig), Beifuß (hat es nicht gerne eng), Beinwell (wächst üppig), Meerrettich (kennt unterirdisch keine Grenzen), Rainfarn (braucht einen großen, sonnigen Platz). Wermut kann Gesellschaft nicht ausstehen. Abseits gefällt es ihm am besten.

Schaffen Sie nützliche Partnerschaften
Eine sehr gute Idee – auch im Menschenleben

Pflanzen Sie in Ihrem Garten Küchenkräuter in Mischkultur mit Nutzpflanzen und schaffen Sie dadurch nützliche Partnerschaften. Die ätherischen Öle der Küchenkräuter stärken Ihre Gemüse und helfen ihnen, sich gegen Schädlinge zu verteidigen.

- **Basilikum** lockt neben Gurken für die Gurkenblüten bestäubende Insekten an; bei Rosen, Apfelbäumen und Stachelbeeren vorbeugend gegen Mehltau; verjagt Fliegen und Mücken vom Gemüsegarten von Bohnen, Karotten, Krautsorten, Rettich und Zwiebeln.

- **Bohnenkraut** gehört neben Bohnen. Es schützt sie vor der Schwarzen Bohnenlaus und verbessert ihren Geschmack schon beim Wachsen; es schützt auch Astern und Rosen vor Ungeziefer.

- **Borretsch** schützt Kohl- und Krautgemüse vor dem Kohlweißling.

- **Dill** ist ein wunderbares Kraut für Partnerschaften. Es stärkt die Abwehrkraft von Gurken, Karotten, Roter Bete und aller Krautsorten. Dazu fördert es die Keimfähigkeit fast aller Samen, die neben ihm ausgesät werden. Darum finden wir in nahezu allen Bauerngärten immer auch Dill.

- **Kapuzinerkresse** schützt Obstbäume und Brokkoli, indem sie selbst die Blattläuse anzieht und sie dadurch von seinen Nachbarn fernhält. Dazu mögen Raupen und Schnecken Kapuzinerkresse überhaupt nicht leiden, daher sehr gut neben allen Kohlarten und Erdbeeren.

- **Kerbel** ist ein guter Nachbar für alle Salatsorten. Er schützt sie vor Mehltau und vertreibt Ameisen, Schnecken und Blattläuse; daher ein guter Freund auch für viele Blumen, Beeren und Obstbäume, insbesondere Rosen, Stachelbeeren und Apfelbäume.

- Mit **Knoblauch** schützt man sich nicht nur gegen den Teufel und böse Geister. Im Garten ist dieser Nachbar auch ein Freund aller Beerenobststräucher, insbesondere der Erdbeere, der Obstbäume, der Gurken, Karotten, Schwarzwurzeln, der Salate und Tomaten. Seine antibiotischen Stoffe und sein durchdringender Geruch bewahren die Nachbarn vor Mäusen, Pilzkrankheiten, Raupen und Schnecken. Bohnen, Erbsen und die Kohlsorten sind von dieser guten Nachbarschaft ausgenommen. Sie finden die Ausstrahlung des Knoblauchs unerträglich.

- **Kümmel** ist nicht nur das ideale Gewürz für Kartoffeln im Rohr. Die Freundschaft der beiden beginnt schon im Garten. Nachbar Kümmel gibt den Kartoffelknollen ein wesentlich besseres Aroma.

- **Lavendel** wirkt nicht nur im Aufwischwasser reinigend und desinfizierend. Er kräftigt nahezu alle Nutzpflanzen und wehrt erfolgreich Ameisen und Läuse ab. Seine spezielle Freundin ist die Rose.

- **Meerrettich** neben dem Pfirsichbaum schützt ihn vor der Kräuselkrankheit und neben Kartoffeln vertreibt er die gefürchteten Erdäpfelkäfer.

- **Petersilie** nie neben Salat pflanzen, die beiden können sich nicht riechen.

- **Pfefferminze** neben Kohl und Kraut vertreibt den Kohlweißling, Erdflöhe und Ameisen aus dem ganzen Nutzgarten und von vielen Blumen.

- **Die Ringelblume** ist ein Segen neben Kraut gegen den Kohlweißling; für Kartoffeln und Tomaten wehrt sie die Fadenwürmer (Nematoden) ab.

- **Salbei** neben Kohl und Karotten, Blumen; er schützt vor dem Kohlweißling, der Karottenfliege, gegen Läuse, Raupen und Schnecken.

- **Schnittlauch** warum nicht einmal in die Nähe von Rosen, Stachelbeeren und Apfelbäumen? Er könnte sie vor Mehltau schützen.

- **Thymian** neben Bohnen, Krautsorten, Erdbeeren, Salat, Astern, Rosen schützt gegen Läuse, Raupen und Schnecken.

- **Ysop** wie Thymian.

Beachten Sie die richtige Mondzeit beim Säen und Ernten

Säen

Während der Mond in einem Monat durch die verschiedenen Sternzeichen läuft, erhalten auch unterschiedliche Pflanzenteile unterschiedlich viel Energie.

Der richtige Zeitpunkt für die Aussaat der Küchenkräuter richtet sich nach dem Teil der Pflanze, den Sie nutzen.

Stengel und Blätter:
Basilikum, Bohnenkraut, Borretsch, Dill, Eibisch, Estragon, Kerbel, Kresse, Liebstöckel, Majoran, Minze, Melisse, Origano, Petersilie, Rosmarin, Schnittlauch, Thymian, Wermut.

- Erstes Viertel zunehmender Mond.
- Wäßriges oder luftiges Zeichen, je nach dem, wie feucht oder trocken sie es brauchen.
- Absteigender Mond.

Blütenköpfchen:
Lavendel, Ringelblume, Kamille, Malve, Primel, Pimpinelle, Schafgarbe, Salbei.

- Zunehmender Mond.
- Luftiges Zeichen.
- Absteigender Mond.

Früchte oder Samen:
Anis, Koriander, Kümmel.

- Zunehmender Mond.
- Feuriges Zeichen.
- Absteigender Mond.

Wurzeln oder Knollen:
Beinwell, Knoblauch, Meerrettich, Zwiebel.

- Abnehmender Mond, auch um Neumond.
- Erdzeichen.
- Absteigender Mond.

Damit Sie auch im Winter immer frische Kräuter haben: Basilikum, Kerbel, Kresse, Petersilie, Rosmarin, Schnittlauch und Melisse bleiben eine gewisse Zeit auch gerne auf Ihrem Fensterbrett.

Ernten

Blätter und Blüten:
- Sammeln Sie für den Vorrat ausschließlich junge, gesunde Pflanzen, nur an trockenen Tagen, idealerweise am späten Vormittag, wenn der Tau getrocknet ist.

- **Blüten und Blätter zum unmittelbaren Verzehr, Verkochen, Konservieren in Alkohol, in Salz, Essig, Öl oder zum Tiefgefrieren** sammeln Sie idealerweise um Vollmond, oder an einem trockenen Tag in einem luftigen Zeichen, oder bei aufsteigendem Mond.

- **Der gute Tip zum Tiefgefrieren von Würzkräutern:** frische Kräuter waschen und vorsichtig mit einem Tuch oder in der Salatschleuder trocknen, kleine Portionen in passende Behälter füllen oder bündelweise in Plastiksäcke füllen und gefrieren lassen. Wenn man mit einem Nudelholz über die gefrorenen Kräuter walkt, zerbrechen Sie in kleine Teile und Sie können den jeweiligen Bedarf leicht entnehmen.

- Wenn sie die **Blüten und Blätter trocknen,** bei abnehmendem Mond in einem luftigen Zeichen ernten.

- **Zum Trocknen** können **Sie Kräutersträußchen binden,** die Sie verkehrt in einem luftigen Raum aufhängen. Oder **Sie breiten die Kräuter an einem schattigen, aber trockenen Raum auf Papier oder Holz aus und lassen sie trocknen.** Damit sie nicht verstauben, hat es sich bewährt, sie **mit Mull abzudecken. Füllen Sie Kräuter erst ab, wenn Sie wirklich trocken sind – in Glas- oder Keramik-, aber nicht in Metalldosen. Getrocknete Kräuter verlieren nach einigen Monaten ihre Wirkkraft.** Das sollten Sie bedenken und Ihre **Vorräte regelmäßig frisch auffüllen.**

Früchte und Samen:
- Am späten Vormittag, wenn der Tau getrocknet ist.
- Bei zunehmendem Mond.
- In einem Feuerzeichen.
- Bei aufsteigendem Mond.

Wurzeln und Knollen:
- Vor Sonnenaufgang oder nach Sonnenuntergang.
- Bei Neumond.
- In einem erdigen Zeichen, Steinbock oder Jungfrau.

Küchen- und Würzkräuter – Zugang zur duftenden Apotheke Gottes

Es gibt unzählige Möglichkeiten, wie Sie die Wohltaten der Würz- und Heilkräuter nützen können. Hier nur einige Hinweise in aller Kürze:

Würzen mit Küchenkräutern
Die Verdauung beginnt mit Mund und Nase. Daher schmecken Küchenkräuter frisch am besten – es ist der natürlichste und direkteste Weg, alle ihre Wirkstoffe in den Körper zu befördern. **Seien Sie kreativ.** Es muß beim Würzen nicht immer nur Petersilie sein. **Erfinden Sie für Salate, Saucen, in Füllungen eigene wohlschmeckende Kräutermischungen.** Haben Sie schon einmal eine Mischung aus Dill, Kerbel, Petersilie und Schnittlauch zu einem Blattsalat probiert? Es lohnt sich. Oder: Borretsch, Bohnenkraut, Zitronenmelisse, Petersilie?

Kräuteraperitiv oder Digestiv
Wenn Sie Kräuter als Tee zubereiten, trinken Sie nicht nur Tee. Bereiten Sie den Aufguß oder Auszug einmal ruhig etwas stärker. **Servieren sie den „Tee" in schmalen, hohen Aperitivgläsern oder zum Nachtisch in kleinen Likörgläsern.** Würzen Sie auch einmal mit Pfeffer, Salz oder etwas Zitrone. **Machen Sie eine kleine Zeremonie für Ihre Kräuterauszüge: vor dem Essen als Kräuteraperitiv und nach dem Essen als Digestiv.** Trinken sie schluckweise einen Würzkräuterauszug im vollen Bewußtsein, sich etwas Gutes zu tun. Als Aperitiv, zur Anregung des Speichelflusses eignen sich: Basilikum, Petersilie, Origano, Thymian. Als Digestiv probieren Sie Anis, Beifuß, Kümmel, Origano, Salbei.

In Öl eingelegte Kräuter
sind besonders in Italien sehr beliebt, z. B. Pesto alla Genovese. Sehr schmackhaft und sehr praktisch, wenn Sie wenig Zeit zum Kochen haben. So können Sie ganz schnell eine herrliche Pasta auf den Tisch bringen. Selbstgemachtes Pesto ist auch ein nettes, kulinarisches Mitbringsel.

PESTO ALLA GENOVESE

35 Basilikumblätter, 30 Pignoli, 2–3 Zehen Knoblauch, 250 g Olivenöl, 10 dag frischgeriebenen Parmesan, eine Prise Zucker und eine Prise Salz.
Basilikumblätter waschen, abtupfen, ausbreiten und einige Stunden trocknen lassen. Wenn die Blätter völlig trocken sind, sie zusammen mit den Pignoli und dem Knoblauch zerstampfen, idealerweise mit einem Mörser aus Marmor. Sonst ein normales Küchenmesser (ein Wiegemesser nimmt viel Aroma weg) verwenden und kleinschneiden. Den Brei in eine Schüssel geben, Zucker, Salz und den geriebenen Parmesan dazugeben. Anschließend ganz langsam unter dauerndem Rühren das Öl beigeben. Portionsweise in Gläschen füllen, zum Abschluß die Paste leicht mit Olivenöl bedeckt halten, hermetisch abschließen.

Ein leckerer Kräuteressig oder ein Kräuteröl
ist ganz einfach herzustellen. Für **Rosmarinessig oder Rosmarinöl** legen Sie einfach einen Zweig Rosmarin in den Essig oder das Öl, lassen Sie es einige Wochen ziehen – fertig.

Kräuterbad
Die einfachste Form eines Kräuterbades ist, sich vorher ca. 1–2 l Kräuteraufguß zu bereiten und dem Badewasser zuzusetzen.

Damit Sie Spaß an der Sache bekommen, einige Kräuterkurzporträts auf einen Blick

Anis
Magenberuhigend, krampfstillend, potenzfördernd, gefühlsverbessernd; Gewürz für Kuchen, Plätzchen und Brot, Obstsalat, Kompotten, Pflaumenmus und Rote Bete, als Tee.

Basilikum
Magenberuhigend, keimtötend, leber-galleregulierend, verdauungsfördernd. Man verwendet die Blätter frisch oder getrocknet – in frischem Zustand nicht mitkochen. Zu Tomaten, Gurken, Karotten, Bohnen, Linsen, Eiern, Käse (Mozarella), Fleisch, Fisch, auf die Pizza, Nudeln, Reis, zu Saucen und Salaten.

Bohnenkraut
Verdauungsanregend, fördert die Annahme von Vitaminen und Materialien

anderer Nahrungsmittel, entkrampfend, entzündungshemmend, sexuell anregend, Stengel und Blätter, in allen Bohnen-, Erbsen-, Linsengerichten mitkochen. Frisch, ganze Blätter verwenden, nicht hacken, sie werden bitter, oder trocknen und rebeln zu gegrilltem Fleisch, zu Bohnen-, Gurken- und Kartoffelsalat und zu Getreidelaibchen, besonders aus Hafer.

Borretsch
Enthält Kalium und Kalzium, wirkt blutreinigend, regt die Adrenalinproduktion an und gilt deshalb als Mutmacher, ist nervenstärkend und macht fröhlich. Junge Blätter zu Blatt- und Gurkensalat, auf das Butterbrot, zum Topfen und zu Pilzen. Nicht mitkochen, nicht trocknen.

Dill
Blähungswidrig, verdauungsfördernd, harntreibend, stimmungsanregend. Frisch zu Gurkenspeisen, Saucen, Topfenaufstrichen, Kartoffeln, Erbsen, Weißkraut. Nicht mitkochen. Als Gewürz zum Einlegen von Gurken und Kürbis. Man verwendet die Blüten und Fruchtdolden.

Estragon
Magenstärkend, harntreibend, leicht abführend, abwehrsteigernd. Zum Würzen von Suppen, Salaten, Gurken, Tomaten, Schwarzwurzeln, Grünkernlaibchen, Saucen, zum Einlegen von Gurken, als Gewürz für Essig, Tee. Für den Vorrat die ganzen Stengel trocknen.

Fenchelsamen
Harntreibend, magenstärkend, blähungswidrig; zum Brotbacken, als Tee und Aperitiv bei einer Mahlzeit mit Hülsenfrüchten.

Kerbel
Enthält Vitamin C, ist harntreibend, durchblutungsfördernd, nierenstärkend, feingehackt zu grünem Salat, Gurken und Tomaten, in die Kartoffelsuppe, als Kerbelsuppe. Nicht mitkochen.

Kümmel
Verdauungsfördernd, blähungswidrig, krampfstillend, durchblutungsfördernd in Kartoffel- und Kohlgerichten, im Roggenbrot.

Lavendel
Stark desinfizierend, beruhigend, für Gerichte der südfranzösischen Küche, Ratatouille, zu Kartoffeln, gebratenem Fleisch, Fisch, für Bäder, Duftsträuße, in Duftkissen hält er Motten fern, ins Aufwischwasser.

Majoran
Magenstärkend, appetitanregend, verdauungsanregend, blutdrucksenkend,

schlaffördernd; frische Blätter nicht mitkochen: zu Bohnengerichten, auf das Butterbrot, in Leberknödeln, Pasteten, Fleisch- und Getreidefrikadellen (Grünkern, Weizen, Dinkel), zu Käsegerichten, in die Kartoffelsuppe, zu Tomaten; hat auch getrocknet ein intensives Aroma.

Minze
Appetitanregend, erfrischend, kühlend, nervenstärkend, schleimlösend, keimtötend; in Salaten zu Fleisch (Lamm), Fisch, Süßspeisen, als Tee.

Oregano
Sehr stark keimtötend, Magensäfte anregend, zu Tomaten, Melanzani, Paprika, Sellerie, Kartoffeln, gegrilltem Fleisch und Fisch, Mozarella; in vielen Rezepten der südländischen Küche.

Petersilie
Enthält reichlich Vitamin C und Eisen, nieren-, blasen-, leberstärkend, wirkt appetitanregend, verdauungsfördernd und harntreibend. Die glatten Blätter sind aromatischer als die gekräuselten. Petersilie ist ein Universalgewürz, es verträgt sich mit fast allen Gemüsen, verfeinert Salate, Saucen, Suppen. Als Tee ein sehr wirksames Fastengetränk, das überflüssige Pfunde schmelzen läßt.

Rosmarin
Stark keimtötend, gallebildend, harntreibend, kreislaufanregend, blutdrucksteigernd, blutzuckersenkend, gegen nervöse Kopfschmerzen. Zu Kartoffelgerichten, Tomaten, auf die Pizza, zum Sugo, gebratenem Fleisch und Fisch, an Pilzen; als tonisierender Badezusatz, im Rosmarinöl zum Einreiben.

Salbei
Bakterientötend, drüsenanregend, kräftigt Niere, Hals, Galle, Magen; zu allen Gemüsegerichten, feingehackt auf Kürbis-, römischen Griesnockerln, zu Fleisch, Fisch und auch als Tee.

Schnittlauch
Zum Butterbrot, in den Topfenaufstrich, auf Kartoffeln, zum Würzen von Suppen. Nicht mitkochen.

Thymian
Gallebildend, blutreinigend, blutdrucksteigernd, antiseptisch gegen Darm und Gallebakterien, zu Gemüse und Fleischgerichten.

Zitronenmelisse
Gemütsaufhellend, gedächtnisstärkend, beruhigend; zu grünen Salaten, Braten, Pilz- und Wildgerichten; zu Rohkost, als Würzmittel von Essig; als Teeaufguß.

DER MOND UND DIE BLUMEN

Blumen wirken über ihre Farben und betörenden Düfte auf die **Energiezentren des Körpers.** Sie beeinflussen die **Gefühle** und bestimmen sogar die **Qualität der Gedanken.** Denken Sie nur an die klaren, kräftigen Farben der Frühjahrsblüher, wie etwa das strahlende Gelb der Primeln, Forsythien, Narzissen und Tulpen. Diese Farbe bringt unsere körpereigenen Luststoffe auf Trab, läßt Freude und Optimismus entstehen, ohne daß wir überhaupt wissen, wie uns geschieht.

Darum ist es auch so **wichtig,**
- daß Sie sich den Garten selbst anlegen. Nur Sie können mit Ihrer eigenen Intuition die Blumen und auch Formen wählen, die zu Ihnen passen.
- Daß Sie sich von einem Gartenspezialisten zwar beraten, aber nicht beeinflussen lassen.

Nur so wird aus Ihrem Garten ein Kraftzentrum.

Blumen, Geschöpfe aus Luft und Licht
Die Faustregel für den richtigen Mond

Besonders reiche Blüten und intensive Düfte Ihrer Blumen bekommen Sie, wenn Sie das Mondlicht seine Arbeit tun lassen. Nehmen Sie sich nur eines zu Herzen: Blumen sind Geschöpfe aus Luft und Licht.

Daher heißt die Faustregel für den richtigen Mond zum Säen und Pflanzen von Blumen
- Nutzen Sie für Duft- und Blütenreichtum die intensive Keimkraft des hellen Mondlichtes. Ideal sind einige Tage vor und drei Tage nach Vollmond.
- Besonders für Blumen, deren Blüten gefüllt sein sollen, wählen Sie zum Säen und Setzen immer den zunehmenden Mond.
- Bevorzugen Sie außerdem ein luftiges Zeichen: Waage, Zwillinge und Wassermann; aber auch in Jungfrau gepflanzte Blumen blühen kräftig.
- Für Pflanzen, die schwer wurzeln, wählen Sie ein Zeichen im absteigenden Mond.

Zum Mulchen, Düngen und Begießen mit nährenden Auszügen
- abnehmender Mond, ebenfalls in einem luftigen Zeichen.

Zum Zurückschneiden der Pflanzen
- abnehmender Mond, bzw. um Neumond.

Zum Veredeln
- zunehmender Mond.

> Damit ein Blumengarten optimal angelegt ist und lange hält, beginnen Sie die Arbeiten an einem Tag, wenn der Mond vor Jungfrau steht. Dann ist das Gelingen gesichert.

Die Mondregeln der Blumen

sind aber viel weniger eindeutig als die Regeln für Gemüse und Früchte. Blumen sind wie empfindliche Prinzessinnen. Um zu verstehen, was sie wirklich wollen, müssen Sie in das Geheimnis der Farben, Düfte und auch der Liebe eindringen. Sonst kann es sein, daß sie erst recht nicht wachsen. Finden Sie daher selbst heraus, wieviel Mondlicht Ihre Blumen vertragen. Hier einige Anhaltspunkte:

- **Azaleen** z. B. können nicht viel Mondlicht vertragen, sie ziehen es vor, bei abnehmendem Mond, im letzten Viertel gepflanzt zu werden. Ebenso die Astern.

- **Maiglöckchen** und auch der **Lavendel** haben eine ganz spezielle Beziehung zum hellen Mondlicht. Es öffnet ihre Duftkanäle und läßt sie betörende Düfte verströmen. Sie blühen auch zwei Jahre nach der Pflanzung im Frühjahrsvollmond (Mai–Anfang Juni).

- Die **Iris** hat für ihr Wachstum lieber die ersten Tage des abnehmenden Mondes.

- **Hortensien** haben eine ausgesprochene Sympathie für den Mond. Sie mögen nicht nur bei zunehmendem Mond gepflanzt, sondern auch dann gegossen werden.

- **Lilien** gedeihen gut, wenn sie bei zunehmendem Mond gesteckt werden.

- Die **Nelken** mögen am liebsten im ersten Viertel des zunehmenden Mondes hinausgepflanzt werden und ihre Blüten duften viel länger, wenn sie die Tage nach dem Vollmond geschnitten werden.

- Eine hohe Empfindlichkeit gegenüber den Kräften des Mondes zeigen die **Chrysanthemen.** Sie vertragen kein intensives Mondlicht und reagieren mit unregelmäßigem Wachstum auf Kosten der Blüte.

- **Veilchen** lieben den Vollmond. Sie wollen am liebsten kurz vor Vollmond gesät, einige Tage nach Vollmond umgesetzt werden.

- **Zinnien** wiederum gehören bei abnehmendem Mond im Juni gesät.

- **Strohblumen** reagieren gut auf Feuerzeichen und die Zeichen im über sich gehenden Mond.

Arbeit mit Blumen muß entspannen – sonst stimmt sie nicht

Damit der Mondgarten ein Ort der Kraft sein kann, ist es wichtig, daß Sie sich im Garten nicht abrackern. Ihr Garten und ganz besonders Ihr Blumengarten darf nie zur Plage werden. Wenn Ihnen die Arbeit über den Kopf wächst, macht sie auch keinen Spaß mehr. Gerade Blumen sind dazu da, daß Sie sich an ihnen erfreuen und sich an ihrer Pracht aufbauen Wenn Sie aus dem Garten kommen und sich nicht erfrischt, dynamisch und innerlich erhoben fühlen, stimmt etwas nicht. Dann sollten Sie schnell überlegen, wie Sie Ihre Arbeit reduzieren oder besser organisieren können.

So bleibt Ihre Arbeit im Blumengarten überschaubar

Pflanzen Sie Stauden

Es gibt unzählige Arten und Formen: **Rosen, Fingerhut, Rittersporn, Hecken aus blühenden Sträuchern,** aber auch **Schwertlilien, Schleierkraut, Glockenblumen, Pfingstrosen, Lavendel, Lupinen** – um nur einige zu nennen. Das alles sind Stauden, die verschieden hoch wachsen, zu verschiedenen Zeiten blühen und in Ihrem Garten Jahr für Jahr ein blühendes und duftendes Fest veranstalten. Sie heißen Stauden, weil der Wurzelstock überwintert und die Pflanzen im Frühjahr wieder austreiben.

- Staudenbeete **pflanzen** Sie am besten im Frühjahr – bei zunehmendem Mond – bevorzugt in einem Luftzeichen an – wenn Sie nicht selbst etwas anderes beobachtet haben.
- Für ihre Pflege halten Sie sich am besten an die Faustregel für Blumen.

- Dazu: Alle Stauden brauchen einen tiefgründig gelockerten Boden – mit Kompost.

Erfreuen Sie Ihr Herz an Zwiebelgewächsen

Auch Blumenzwiebeln sorgen für ausdauernde farbenfrohe Blüte im Frühling und Sommer.

Frühjahrsblühende Zwiebeln

Tulpen, Narzissen, Hyazinthen, Schneeglöckchen sollten im September in die Erde. Nehmen Sie dafür einen kühleren, nicht vollsonnigen aber trockenen Tag.

- Bei abnehmendem Mond: bevorzugt Mond in der Waage oder in einem absteigenden Zeichen, damit sich ein dichtes Wurzelsystem bilden kann und Sie sich im Frühling über viele Blüten freuen können.

Zwiebelgewächse brauchen einen humusreichen, wasserdurchlässigen Boden. Das Abdecken mit Kompost schützt vor Frösten.

Bitte beachten Sie: Wenn die Blätter nach der Blüte gelb werden, sammelt die Pflanze Energie. Die Zwiebeln mögen es, wenn Sie sie jetzt öfter mit Brennesseljauche gießen:

- ideal gleich nach Vollmond.

Die Zwiebeln können über den Sommer in der Erde bleiben, oder Sie nehmen sie aus der Erde und lagern sie an einem trockenen Ort:

- Bei abnehmendem Mond oder in einem luftigen Zeichen herausnehmen und lagern.

Sommerblühende Zwiebeln

Gladiolen, Dahlien, Knollenbegonien sind nicht frostfest. Vernünftig ist es, sie erst nach den Eisheiligen in die Erde zu tun:

- bei zunehmendem Mond.
- Dahlien hingegen lieben die Kraft des Vollmondes
- und natürlich: luftige Zeichen.

Wichtig: Die sommerblühenden Zwiebeln brauchen viele Nährstoffe. Achten Sie daher auf ausreichend Kompost. Im Herbst, nach der Blüte, holen Sie die Knollen aus der Erde, trocknen sie ab und lassen sie in einem kühlen Raum überwintern.

- Lagern bei abnehmendem Mond in einem luftigen Zeichen.

Rasch und bunt blühende, einjährige Sommerpflanzen

Löwenmaul, Ringelblumen, Goldmargeriten, Sonnenblumen, Strohblumen, Sommerazaleen, Portulkaröschen, bunte, duftende Wicken sollten in Ihrem Garten auf keinen Fall fehlen. Sie geben Ihnen das Gefühl von Sommer und überschwenglicher Fülle der Natur. Je kleiner der Garten, umso unentbehrlicher sind sie. Manche von ihnen kommen ohne Vorkultur aus und werden sicherheitshalber erst ab Mitte Mai ins Freiland gegeben. Sie brauchen Sonne und **einen gut genährten Boden,** den Sie am besten schon im Herbst vorbereiten: verrotteter Kuhmist, Kompost und Hornspäne.

- **Säen** Sie mit der Kraft des Vollmondes in einem luftigen Zeichen und lernen Sie die Sonderwünsche Ihrer bunten „Prinzessinnen" im Laufe der Zeit kennen, denn die richten sich sehr stark nach dem Standort.

Lassen Sie Blumen und Gemüse im Team arbeiten …

Auch bei Blumen bringt ein gutes Team außergewöhnliche Ergebnisse. Achten sie darauf, daß die richtigen Kräfte zusammenarbeiten. Denn je bunter die Vielfalt gut kombinierter Gemüse- und Pflanzenarten ist, umso gesünder wachsen die Pflanzen heran.

- Wußten Sie, daß Rosen und Lavendel dicke Freunde sind, die sich gegenseitig das Ungeziefer vom Leib halten?
- Aber **Blumen schützen auch die Nutzpflanzen: Kapuzinerkresse** lockt Blattläuse an und hält sie Kartoffeln, Brokkoli und Obstbäumen vom Leib. **Lavendel** schützt alle Pflanzen vor Ungeziefer, er jagt die Ameisen aus dem Garten und von seiner Freundin, der Rose, vertreibt er die Blattläuse. **Tagetes** wiederum wehren die Fadenwürmer von Kartoffeln und Tomaten ab.

Sträuße schneiden

Wenn Sie Blumen für bunte Sträuße

- in der Vollmondzeit schneiden, sind die Farben intensiver und der Duft stärker. Die Natur putzt sich jetzt besonders heraus und die Blumen halten länger.

Blumen zum Trocknen für duftende Potpourries, Kräuterkissen und -säckchen

pflücken Sie am besten
- bei zunehmendem Mond in einem luftigen Zeichen am Vormittag, nachdem der Tau getrocknet ist. Sie sind schöner und bekommen nach dem Trocknen ein intensiveres Aroma.

Breiten Sie die Blütenköpfchen auf Holz oder Papier an einem schattigen, luftigen Ort zum Trocknen aus und nähen Sie sie in einem luftigen Zeichen bei abnehmendem Mond in Säckchen oder Kissen.
Siehe auch: Küchen- und Heilkräuter, Seite 120.

Ein schöner Rasen ist ein Geschenk an Ihre Seele

Grün ist die Farbe der Heilung. Sie kräftigt Herz, Lungen und die Thymusdrüse, die das Wachstum regelt, das Lymphsystem steuert und das Immunsystem stärkt. Grün steht außerdem für Frühling, Kreativität und Fruchtbarkeit. Diese Farbe regt unser Mitgefühl an, stimuliert Großzügigkeit im Denken und Harmonie mit den Gesetzen der Natur. Es gibt wohl kaum jemand, der noch nie die beruhigende Kraft einer grünen Wiese erfahren hat. Schenken Sie Ihrer Seele diese Wohltat. Verzichten Sie in Ihrem Garten nicht auf ein schönes Stück Rasen.

Es ist völlig gleichgültig, wie lang Sie das Gras haben wollen, oder ob Sie es nur einheitlich grün oder als Blumenwiese genießen.

Wichtig ist,
- Sie achten darauf, daß die Rasenfläche leicht zu mähen ist,
- daß sie nicht von Blumenbeeten unterbrochen wird. An einer ruhigen Fläche haben Sie mehr Freude.
- Ideal ist eine gute Mischung aus horstbildenden und ausläufertreibenden Gräsern, damit eine dichte Grasnarbe entsteht.

Säen
Ende April bis Juni, breitwürfig,
- bei zunehmendem Mond. Gras verhält sich wie Blattpflanzen und mag daher Wasserzeichen: Krebs und Fische sind ideal; sehr gut geht auch Waage – sie sorgt für harmonisches Wachstum.

Der Kurzrasen

Nährstoffbedarf

Ein schöner Rasen braucht ausreichend Stickstoff. Düngen Sie daher mit organisch-mineralischem Rasendünger (siehe Seite 54ff), aber passen Sie auf, daß der Rasen nicht verbrennt.

- Geeignet sind die ersten Tage nach Vollmond,
- oder der abnehmende Mond,
- oder ein Wasserzeichen.

Mähen

Bereits Ende April mähen. Wichtig: Darauf achten, daß die Messer des Mähers scharf sind, damit das Mähen nicht so viel Mühe macht und Sie die Grasnarbe nicht beschädigen. Im Sommer nicht zu kurz abrasieren, denn es kann sein, daß es länger trocken bleibt und Sie statt eines Rasens einen häßlichen braunen Fleck im Garten haben.

- Mähen bei abnehmendem Mond, gleich nach Vollmond, oder in einem Wasserzeichen, damit das saftige Grün erhalten bleibt.

Weil alles im Garten auch anderen nützt:

- Legen Sie das angetrocknete Gras als dünne Mulchschichte auf Ihre Gemüsebeete. Ihre Pflanzen erhalten so wertvolle Mineralstoffe und ausreichend Flüssigkeit. Bei Regenwetter nehmen Sie das Gras ab, um keine Pilze zu züchten.

Eine Blumenwiese statt Rasen

ist im Augenblick der Trend bei Gartenfreunden. Eine naturnahe Blumenwiese schafft neben ihrer **Wirkung auf die Seele** und **nur zwei Schnitten im Juni/Juli und September,** auch **wertvollen Lebensraum für Insekten und Kleinlebewesen.** Wieder ein Beispiel, wie ökonomisch Mutter Natur arbeitet. Sie schlägt immer mehrere Fliegen mit einer Klappe. Davon könnte sich so mancher Manager eine Scheibe abschneiden.

Der Nachteil: eine Blumenwiese im Garten ist nur zum Anschauen aber nicht zum Spielen, Picknicken und darauf Herumtoben.

Blattgehölze, immergrüne Hecken und Ranken

Sie reagieren vom Mondlicht wie Gemüse, das seine Kraft im Blattbereich entfaltet, aber auch starke Wurzeln und Äste braucht.

Pflanzen

- Bei zunehmendem Mond im Stier, damit sie kräftig werden.
- Damit sie fest ranken, z. B. Efeu: zunehmender Mond in einem wäßrigen Zeichen oder aufsteigender Mond.

Schneiden

- Im zunehmenden Mond, wenn sie rasch nachwachsen sollen, sonst im abnehmenden.
- In den Wasserzeichen Krebs, Skorpion, Fische.

Die süßesten Beeren und Früchte

Von den Kräften des Mondes gibt es keinen Unterschied zwischen Strauch- und Baumobst. **Äpfel, Birnen, Zwetschken, Aprikosen, Pfirsiche, Stachelbeeren, Johannisbeeren, Himbeeren, Brombeeren und Erdbeeren sind Früchte.** Das Licht des Mondes bestimmt ihre Wachstumsgeschwindigkeit, ihren Flüssigkeits- und Zuckergehalt sowie ihre Abwehr gegen Schädlinge in erheblichem Ausmaß mit.

Obstbäume

Ideale Pflanzzeit

- Im Herbst: letzte Tage im Oktober und November, wenn die Blätter schon abgefallen sind, in ein vorbereitetes, feuchtes Beet pflanzen.
- Setzen und umsetzen von **Apfel- und Birnbäumen:** um Neumond im November, Dezember, Jänner.
- Pflaumen und Aprikosen im ersten Viertel des zunehmenden Mondes im November pflanzen;
- oder **Äpfel, Birnen, Kirschen, Pflaumen, Aprikosen** im Frühjahr setzen bei zunehmendem Mond am Beginn des ersten Viertels im März und/oder in Feuerzeichen: Widder, Löwe, Schütze.
- Im Zeichen Stier werden die Bäume kräftig; gut auch Löwe, Schütze, Steinbock.
- Wenn im Zeichen Waage gepflanzt wird, es nur bei zunehmendem Mond tun; nie aber im Wassermann pflanzen.
- **Beachten Sie:** Das Mondlicht beim Pflanzen beeinflußt den Reifeprozeß. **Kirschen** brauchen den Vollmond, **Zwetschken** und **Aprikosen** den zunehmenden Mond. Ihre volle Reife erreichen die Früchte in der Nähe des Vollmondes, der Zuckergehalt ist jetzt am höchsten.
- Aber: Zu Störungen im Fruchtfleisch und der Haut des **Pfirsiche** kommt es sowohl bei zuviel oder auch zu wenig Mondlicht. Daher Pfirsiche beim sehr jungen Mondlicht im Oktober pflanzen.

- Besonders empfindlich gegenüber den Strahlen des Mondes ist der **Nußbaum.** Zu heller Mondschein läßt die Blätter austrocknen.

Pflegen
Den Boden vorbereiten zum Pflanzen neuer Bäume
- letztes Viertel des abnehmenden Mondes im Juli, August oder September.

Düngen
der Obstbäume mit gut verrottetem Dünger und **Mulchen** mit Grasschnitt und Brennesseln
- um den Novembervollmond, im letzten Viertel des abnehmenden Mondes;
- bei absteigendem Mond.
- Mit verdünnter Brennesseljauche bei abnehmendem oder absteigendem Mond im Mai nachdüngen – wenn ein reichlicher Ansatz vorhanden ist.

Pflanzenschutz
- Bei abnehmendem oder absteigendem Mond: gegen **Obstmaden** mit Rainfarntee und Wermutauszug spritzen, Brennesselauszug gegen **Gespinstmotte,** optimal im letzten Viertel des abnehmenden Mondes.
- Wenn im April **Schorf und mehltaubefallene Blätter** auftreten, bei abnehmendem Mond entfernen und Zweige abschneiden. Dazu Brennesseljauche und Schwefelpräparate geben.

Stämme pflegen
An frostfreien Tagen alte Rinde entfernen und ein Gemisch aus Kuhmist, Lehm und Molke auftragen oder mit Rainfarntee spritzen und kalken.
- Jeweils bei abnehmendem Mond in einem Feuerzeichen.
- Sehr gut auch ein Zeichen im absteigenden Mond.

Bodenpflege
Nicht um die Bäume herumgraben. Das ist viel zu gefährlich wegen Wurzelverletzungen.
- **Richtig:** einige Tage nach Vollmond Baumscheibe mit Kuhdung anlegen und mit Knochen- oder Hornmehl düngen.
- In der Wachstumsphase ab Juni **ausreichend gießen,** am besten abends, damit das Wasser rasch einzieht. **Der gute Tip:** Achten Sie jetzt mehr auf den Durst Ihrer Bäumchen als auf den Mondstand.

Bäume schneiden, veredeln und von Wasserschoßen befreien
An frostfreien Tagen von Jänner bis März. Der Spätwintertermin ist günstig für frostempfindliche Arten, besonders Aprikosen und Pfirsiche. Auch neu gepflanzte Bäume erst im Frühjahr schneiden. Den Jahresschnitt von

Kirschen macht man gleich nach der Ernte. Wasserschoße entfernen Sie laufend ab Mai, besonders auch im Juni.

- Abnehmender Mond letztes Viertel oder um Neumond. **Beachten Sie:** Wenn Sie Bäume bei zunehmendem Mond schneiden, weint oder blutet die Pflanze zu sehr. Die Anziehungskraft des Mondes zieht die Säfte in die Zweigspitzen. Beim Schneiden fließen sie dann nach außen. Das übermäßige Bluten der Lymphe schwächt den Baum, macht ihn zur Beute für Schädlinge und verzögert die Wundheilung. **Aber auch, wenn Sie bei abnehmendem Mond schneiden, schließen Sie größere Wunden mit Baumwachspräparaten, damit keine Bakterien und Pilze in den Baum gelangen.**
- Gut für den Baumschnitt sind auch Feuer- oder Luftzeichen des absteigenden Mondes. Sehr günstig ist Löwe.

Edelreiser schneiden und veredeln

- Der Termin, um **Edelreiser zu schneiden** ist um Neumond im Jänner, Februar. Die Reiser in einem Tuch einschlagen und in einem kühlen Raum aufbewahren.
- **Veredeln** in einem Feuerzeichen des aufsteigenden Mondes im Februar oder März.

Säuberungsarbeiten im Obstgarten

- **Faule** und **kranke Früchte** dürfen nicht auf dem Baum bleiben und auch nicht auf den Komposthaufen. Die Grundregel: **Abnehmen, aufsammeln und vernichten.** Nur so kann der Lebenszyklus der Insektenlarven unterbrochen werden und die Krankheitskeime und Pilze verbreiten sich nicht weiter. Ideal im letzten Viertel des abnehmenden Mondes oder nahe Neumond.
- **Herabfallendes Laub** nicht weggeben. Es bildet eine natürliche Winterabdeckung.
- **Überladene Obstäste** bei abnehmendem Mond im August abstützen, weil die Stützen jetzt besser halten.

Obst ernten

Frühes Kernobst

wie Kirschen, Ringlotten, Aprikosen eignet sich nicht zur Lagerung – es muß rasch gegessen oder konserviert werden.

- Für Früchte, die Sie gleich essen oder zu Marmelade und Saft verarbeiten, ist die ideale Erntezeit immer die Zeit um Vollmond, weil der Zuckergehalt der Früchte jetzt am höchsten ist
- oder Widder, das Feuerzeichen des aufsteigenden Mondes.
- Sehr gut ist aber auch Schütze, weil die Früchte in diesem Zeichen länger frisch und saftig bleiben.

Lagerobst

Lassen Sie späte Obstsorten so lange wie möglich auf dem Baum. Die reifen Früchte können Sie leicht vom Baum drehen.

- Ernten Sie im letzten Viertel des abnehmenden Mondes.
- In einem Feuerzeichen des absteigenden Mondes oder in einem Luftzeichen.
- In keinem Fall ein Wasserzeichen wählen aber auch nicht Jungfrau, weil die Früchte nicht halten.
- Wal- und Haselnüsse nicht pflücken, schon gar nicht bei zunehmendem Mond, weil sie dann gern im grünen Zustand faulen. Besser warten, bis sie abfallen. An einem trockenen Tag, bei abnehmendem Mond auflesen, damit sie sich besser halten.

Lagern

Wenn Sie die Früchte in Heu oder Stroh packen, verlängern Sie ihre Haltbarkeit.

- Die **Faustregel** für den Mond: lagern bei abnehmendem Mond, bevorzugt in einem luftigen Zeichen. Eine **Mondregel aus Tirol: Äpfel** einlagern im absteigenden Mond – dann runzeln sie nicht, faulen aber leicht. Im aufsteigenden Mond faulen sie nicht, aber runzeln leicht.
- **Wichtig:** Legen Sie **Äpfel** bei einer Temperatur von 3–8° C, am besten einlagig aus, kontrollieren Sie öfters und sondern Sie faule Früchte sofort aus. Lagern Sie **Äpfel nie gemeinsam mit Kartoffeln.** Das können sie nicht ausstehen, weil es ihren Geschmack beeinträchtigt.
- Lagern Sie nie **Fallobst.** Verwenden Sie es zum Kuchenbacken, für Säfte, Most und Marmeladen.

Dörren und Dörrfrüchte lagern

- Bei abnehmendem Mond im Widder, Stier, Zwilling, Löwe, Steinbock, Wassermann – aber nie in einem Wasserzeichen.

Most machen und anstechen

- Bei abnehmendem Mond
- und/oder in einem Zeichen des absteigenden Mondes, damit der Most im Faß nicht unruhig wird.

Beerensträucher

Pflanzen

März/April auf lockeren, sandigen Boden ins Freiland pflanzen: Stachelbeere, Johannisbeere, Himbeere, Gartenheidelbeeren, Kulturpreiselbeere.

- Im zunehmenden Mond.

- In einem Feuerzeichen: Widder, Löwe, Schütze oder in Stier und Waage.
- Im über sich gehenden Mond.
- Für wohlschmeckende Beeren weder an Skorpiontagen säen noch ernten.

Pflegen

Bitte nicht stören! heißt das oberste Gebot der Beerensträucher. Sie wurzeln sehr flach und können es nicht ausstehen, wenn man sie mit Schaufel und Hacke stört. **Lockern** Sie daher nie mehr als höchstens 5 cm tief den Boden.

- Ein guter Schutz für die Wurzeln ist **eine Bodendecke aus organischem Material,** Kompost, Rindenhumus, Kapuzinerkresse, Kerbel oder Pfefferminze bei abnehmendem Mond in einem Feuerzeichen anbringen.
- Beerensträucher schätzen **regelmäßiges Gießen,** besonders wenn sich die saftreichen Früchte bilden. Wässern Sie während dieser Zeit unabhängig vom Mondstand großzügig von der Blüte bis zur Reife den Boden rund um die Stauden.
- **Frühjahrsschnitt von Himbeeren und Johannisbeeren** bei sehr jungem Mondlicht des zunehmenden Mondes im Februar, März. Den **Sommerschnitt** der Beerensträucher machen Sie um Neumond im Juni. Jetzt auch mit Mehltau befallene Triebe abschneiden. Sehr gut auch im Zeichen Löwe.
- **Himbeeren:** Entfernen und verbrennen Sie **abgetragene Ruten** bei abnehmendem Mond nahe Neumond oder bei Mond im Skorpion im Juli und schneiden Sie **dürre Triebe** zurück.
- **Brombeeren:** Ziehen Sie ihnen bei abnehmendem Mond ein Spalier, um sie zu bändigen. Sie brauchen **zweimal jährlich einen Schnitt** um Neumond, damit sie nicht zu sehr wuchern.
- **Stecklinge** von Beerensträuchern bei aufsteigendem Mond oder in einem Feuerzeichen **schneiden.**
- Gegen **Blattwanzen** bei abnehmendem Mond mit Wermuttee und Rainfarntee sprühen.
- Die Beerensträucher mögen, wenn sie **nach der Ernte** wieder Nährstoffe bekommen, daher **düngen und mulchen** – auch nochmal bei abnehmendem Mond im September/Oktober. Die idealen Zeichen für die Herbstdüngung sind Widder, Stier, Zwillinge, Steinbock und Wassermann.

Ernten

ab Juni Erdbeeren, rote und weiße Johannisbeeren, Brombeeren, im Juli Himbeeren, schwarze Johannisbeeren, Stachelbeeren.

- Am besten um Vollmond, weil jetzt die Beeren am süßesten sind.

Erdbeeren

lieben es steinig und sonnig und mögen nicht zu viel Dünger.
Sie eignen sich **gut nach** Buschbohnen, Spinat, Frühkartoffeln.
Ihre besten Freunde sind Knoblauch, Karotten, Kohlrabi und Salat, da sind sie in bester Gesellschaft.

Pflanzen

- Bei zunehmendem Mond,
- in einem Feuerzeichen: sehr gut Löwe.
- Monatserdbeeren, die rasch wachsen sollen, können Sie in den Fischen pflanzen.

Pflegen

- Noch vor der Blüte **vorsichtig den Boden lockern, vertrocknetes Erdbeerlaub entfernen, auf den Kompost geben, reifen Kompost einarbeiten und Wildwurzelkräuter entfernen,** bei abnehmendem Mond in einem Feuerzeichen.
- **Mit Stroh mulchen** bei abnehmendem Mond im Mai und auch nochmal im Juni.
- **Vorbeugend gegen Grauschimmel** Beete um Neumond im April und Juni mit Schachtelhalmbrühe besprühen.
- **Nach der Ernte** mit Kompost düngen, mulchen, von unnützen Ablegerranken abschneiden, Ableger gewinnen und verpflanzen, bei abnehmendem Mond in einem Feuerzeichen.

Ernten

Vorsichtig, damit die Beeren nicht zerquetscht sind. Das Aroma ist am besten, wenn Sie am Vormittag ernten, nachdem der Tau getrocknet ist.

- Natürlich rund um Vollmond,
- ideal in einem feurigen Zeichen.

Früchte und Beeren konservieren

Damit Ihre Marmeladen und Konfitüren so werden, wie Sie sie haben wollen.

- Wenn Sie Ihre Marmeladen oder Konfitüren lieber leicht, flüssig und zart aromatisch haben, kochen Sie bei zunehmendem Mond ein. Diese Konfitüren sind aber nicht sehr haltbar. Schätzen Sie mehr kompakte, stark aromatische und besonders haltbare Massen, wählen Sie den abnehmenden Mond. Für intensives Aroma die erste Woche nach Vollmond.

- Die optimalen Zeichen zum Einkochen sind die fixen Zeichen Stier (macht haltbar), Skorpion (wandelt sich gut in eine breiige Form – braucht nicht so lange zu kochen), Wassermann (macht die Marmelade schmackhaft).

Trocknen
- Bei abnehmendem Mond,
- oder unter sich gehendem Mond,
- in einem feurigen oder luftigen Zeichen und Feuerzeichen – nicht in einem Wasserzeichen.

Der Mondgarten auf Balkon und Terrasse

Einen Mondgarten kann jeder haben, denn **im Grünen wohnen kann man auch auf der Etage. Holen Sie sich den Garten auf Balkon und Terrasse.** Wie beim Garten, prüfen Sie auch hier zuerst die klimatischen Bedingungen Ihres Balkons. Danach wählen Sie die passenden Pflanzen aus.

Balkonblumen brauchen viel Liebe

Beachten Sie, daß
- **die Zusammenarbeit zwischen Boden und Wurzeln** bei Balkonblumen eher angespannt ist, weil die Nährstoffküche der Pflanze nur auf einen Topf beschränkt ist;
- **die Wurzeln viel stärker der Witterung ausgesetzt sind** als bei Gartenpflanzen;
- Balkonpflanzen **nicht die Vorteile einer geschickten Mischkultur genießen.**

Daher brauchen sie besonders sorgfältige Pflege und viel Liebe.

Grün und bunt – im Reigen der Jahreszeiten Immergrüne Pflanzen

Auch wenn Ihr Balkon nur sehr klein ist, denken Sie daran, daß es Monate gibt, in denen die bunte Farbenpracht vorbei ist. Reservieren Sie daher unbedingt etwas Platz für die Immergrünen.

Schön sind z. B.
Kiefern wie die **Kriechkiefer** (ca. 50 cm, Halbschatten); **Kugelkiefer** (ca. 40 cm, Sonne, sehr robust); **Zwergkiefer** (ca. 50–60 cm, Sonne, kräftig); **Fichtenarten** (im Stadtklima eher empfindlich); **Thujen** (30 cm, brauchen es feucht und halbschattig); **Buchsbäumchen** (im Kübel ca. 1 m, eher schattig); Zypressenarten z. B. die sehr robuste **Fadenzypresse** (Sonne bis Halbschatten).

Der gute Tip: Sparen Sie nicht bei Pflanzgefäßen. Sie sollen vor allem groß genug sein. Investieren Sie Zeit und etwas Geld in die Innenisolierung der Gefäße mit Blähton.

Pflanzen
- Besonders zu empfehlen ist Mond im Stier, damit sie feste und widerstandsfähige Wurzeln bekommen.

Pflegen
- Auch im Winter – wenn es nicht friert – ausreichend gießen.
- Wählen Sie bei den Pflanzgefäßen lieber die bessere Qualität.

Damit Balkonblumen gedeihen

- Bevor Sie sich mit Balkonblumen eindecken, studieren Sie genau, wieviel und wann Sie tagsüber Sonne haben. Danach wählen Sie die Pflanzen aus.
- Achten Sie auf stabile Pflanzgefäße – bevorzugt aus Terracotta – mit Abzugslöchern, damit sich das Wasser nicht staut.
- Balkonpflanzen brauchen eine besonders gute Erde. Kaufen Sie zu den abgepackten Erdmischungen auch Komposterde und Hornspäne.
- Vor allem in den heißen Wochen müssen sie ausreichend gegossen werden.

Balkonblumen und Gartenblumen folgen denselben Mondregeln

- Nach den Eisheiligen Balkonkästen und Kübelpflanzen an ihren Platz bringen.
- Eintopfen im unter sich gehenden Mond – günstig Waage.
- Im Juli Balkonblumen und blühende Kübelpflanzen jede Woche düngen.
- **Überwintern:** Blumen nicht in Jungfrau, Wassermann und Fische einkellern, weil sie dann leicht faulen.

Spezielle Mondvorlieben einzelner Balkonblumen

- **Begonien** wehren sich gegen zu intensives Mondlicht und mögen auch kein pralles Sonnenlicht.
- **Geranien** in den dunklen Neumondnächten schneiden, damit sie nicht zu stark bluten. Beim Überwintern haben sie es gern, wenn sie in der Nähe eines Fensters stehen, so daß sie das Mondlicht bescheinen kann.
- **Petunien** ändern ihre Mondvorlieben gar nach ihrem Umfeld. Manche mögen in der Nähe des ersten Viertels gepflanzt werden, manche mögen den abnehmenden Mond. Das müssen sie selbst herausfinden.

Die schönsten Klassischen

Für einen sonnigen Balkon
Blaues Gänseblümchen (blüht blau, violett, rosa, einjährig, hängend, ca. 25 cm); **Blaue Mauritius** (blau, einjährig, hängend 25 cm); Eisenkraut (rot, blau, weiß, bis 50 cm, aufrecht und hängend); **Gelbes Gänseblümchen** (buschig, hängend, 20 cm); **Goldmarie** (hängend, buschig, 30 cm); **Leberbalsam** (blau, weiß, bis 30 cm, stehend); **Mittagsgold** (gelb, rot, braun, bis 50 cm, aufrecht); **Portulakröschen** (alle Pinktöne, weiß, 30 cm, aufrecht); **Strohblumen** (goldgelb, 40 cm, aufrecht); **Ziersalbei** (rot, blau, 30 cm stehend); **Zwergmargerite** (weiß, gelb, bis 30 cm, flächig).

Für einen Balkon im Halbschatten und Schatten
Begonien (in vielen Farben); **Buntnessel** (buntgefleckt, bis 40 cm, aufrecht); **Fleißiges Lieschen** (violett, weiß, pink, bis 40 cm, aufrecht); **Fuchsien; Köcherblümchen** (rot, bis 30 cm, buschig); **Männertreu** (blau, weiß, Polster); **Mignon-Dahlie** (bis 50 cm, stehend); **Nelke** (weiß, rot); **Pantoffelblume** (gelb, orange).

Sparen Sie auf Ihrem Balkon auch nicht mit Stauden, einjährigen Sommerblühern und Gewürzkräutern

IHR GARTEN

ein farbenfroher, nährstoffreicher, duftender Ort der Kraft

Mond, Garten und Mensch gehören zusammen. **Pflanzen können ohne die Kräfte des Mondes nicht leben. Ohne Pflanzen wäre auch uns Menschen die Lebensgrundlage auf der Erde entzogen.** Wir würden ersticken, verhungern, verdursten und nervlich ausrasten. Denn Pflanzen atmen lebensnotwendigen Sauerstoff aus und das für uns schädliche Kohlendioxyd ein und sie versorgen Körper und Nervenkostüm mit wertvollen Biostoffen.

- **Gartenarbeit ist mehr als ein Hobby, mehr als ein Wettbewerb um die schönsten Blumen und Gemüse.** Wenn Sie mit Pflanzen arbeiten, arbeiten Sie mit Gesetzen und Rhythmen zusammen, die das Universum regieren. Sie gilt es zu verstehen, mit Ihnen müssen Sie sich verbünden, wollen Sie den Alltag besser meistern. Von der Natur und dem Spiel des Mondes kann man nur lernen. **Ein Garten ist ein farbenfroher, nährstoffreicher, duftender Ort der Kraft.** Die Pflanzen, an denen Sie sich erfreuen, die Sie pflegen und nutzen, laden Sie mit Kräften auf, die Sie in keinem Supermarkt kaufen können.

- Gartenarbeit ist **eine der wirksamsten Therapien gegen Ärger, Überarbeitung und Burnt-Out-Syndrome.**

- Aber **nicht die Menge macht es.** Der Garten muß nicht groß sein. Schon ein Topf mit einem Küchenkraut auf Ihrem Balkon oder eine geliebte Zimmerpflanze kann mehr bewirken als ein großer Garten, zu dem Sie keine Beziehung haben.

- Die Kräfte des Mondes zeigen sich weder im gärtnerischen Wettbewerb noch im sturen Anwenden von Regeln. Es ist **ein stilles Lernen und Entdecken, eine persönliche Entwicklung, die Ihnen wichtige Einsichten vermittelt.**

- Sie erkennen in jedem Fall, **wie sehr doch alles mit allem zusammenhängt. Alles unter Mond und Sonne hat seinen Platz und seine richtige Zeit.** Diese Einsicht ist nicht wenig, wenn man bedenkt, wieviel Leid aus dem Gefühl entsteht, allein und daher hilflos zu sein. Wer mit dem Mond gärtnert, merkt schnell, daß diese Haltung nicht stimmt. Weder in der Natur noch im zwischenmenschlichen Zusammenleben.

Register

Raum für Notizen

Raum für Notizen

Bücher, die uns lehren, die Kräfte der Natur für uns zu nutzen

Helga Pöttinger
Harmonie und Heilkraft durch edle Steine
Band 1
112 Seiten
ISBN 3-7016-2426-7
öS 198,–
DM/sfr 29,80

Helga Pöttinger
Harmonie und Heilkraft durch edle Steine
Band 2
120 Seiten
ISBN 3-7016-2462-3
öS 198,–
DM/sfr 29,80

Beatrix Hammerle
Die Kraft der Düfte – Die Macht der Gerüche
148 Seiten
ISBN 3-7016-2457-7
öS 198,–
DM/sfr 29,80

Beatrix Hammerle
Die Kraft des Mondes
120 Seiten
ISBN 3-7016-2438-0
öS 198,–
DM/sfr 29,80

Beatrix Hammerle
Die Monddiät
136 Seiten
ISBN 3-7016-2460-7
öS 198,–
DM/sfr 29,80

Beatrix Hammerle
Früchte der Natur Wildgemüse mit Rezepten
112 Seiten
ISBN 3-7016-2472-0
öS 198,–
DM/sfr 29,80

Erschienen im Pinguin-Verlag, A-6021 Innsbruck